多平台跨境电商入门 100 问

华红娟 编著

浙江工商大学出版社 | 杭州
ZHEJIANG GONGSHANG UNIVERSITY PRESS

图书在版编目（CIP）数据

多平台跨境电商入门100问 / 华红娟编著. —杭州：
浙江工商大学出版社，2019.6（2020.8重印）
ISBN 978-7-5178-3007-8

Ⅰ．①多… Ⅱ．①华… Ⅲ．①电子商务－商业经营－
问题解答 Ⅳ．①F713.365.2－44

中国版本图书馆 CIP 数据核字（2018）第 235267 号

多平台跨境电商入门 100 问

华红娟 编著

责任编辑	张婷婷
封面设计	林朦朦
责任印制	包建辉
出版发行	浙江工商大学出版社
	（杭州市教工路 198 号　邮政编码 310012）
	（E-mail：zjgsupress@163.com）
	（网址：http://www.zjgsupress.com）
	电话：0571-88904980,88831806（传真）
排　　版	杭州朝曦图文设计有限公司
印　　刷	广东虎彩云印刷有限公司绍兴分公司
开　　本	710mm×1000mm　1/16
印　　张	19.75
字　　数	331 千
版 印 次	2019 年 6 月第 1 版　2020 年 8 月第 2 次印刷
书　　号	ISBN 978-7-5178-3007-8
定　　价	54.00 元

前　　言

　　为了适应我国外贸发展的新形式、新变化,积极响应"互联网+""大众创业、万众创新"等国家创新发展战略,我国外贸行业利用互联网技术进行不断创新和尝试。跨境电子商务作为"互联网+跨境贸易+中国制造"的新业态,是一种全新的贸易方式和贸易模式,通过互联网和大数据,使得国际贸易更加普惠、精准,贸易链更加扁平,从市场端倒逼企业转型升级,是典型的供给侧结构性改革的体现。在互联网思维引领下,研发设计、生产、销售等整个产业链都在发生着变化,传统外贸的工厂、供应商、制造企业找到了新的盈利模式,纷纷进入跨境电商,风头十足的跨境电商成为外贸行业互联网3.0时代的最主要特征。跨境电子商务的迅猛发展给国际贸易带来新的机遇和挑战,跨境电子商务人才的创新创业能力培养是我国当前高素质人才培养的当务之急,为此,我们编写了这本具有可操作性和可看性的科普读物——《多平台跨境电商入门100问》。

　　本课题组计划基于阿里速卖通、亚马逊、eBay、阿里巴巴国际站、wish和敦煌网平台,以平台选择、店铺注册一直到客户服务、卖家提现等一笔完整跨境电商业务流程为主线,采用问题背景、所需资料、操作技巧和相关链接的方式,对跨境电商新手在初入门时可能遇到的各种问题进行直观的解答和指导,使本书成为跨境电商新手的入门级读物,使跨境电商新手能够更快进入跨境电商行业,少走弯路。

　　本书在内容选取和结构编排上具有以下特点:

　　1.本书内容分为六个章节,第一章为速卖通平台业务,第二章为亚马逊平台业务,第三章为eBay平台业务,第四章为阿里巴巴国际站平台业务,第五章为

wish平台业务,第六章为敦煌网平台业务。主要内容包括店铺注册、产品管理、交易管理、跨境物流、营销推广、店铺数据、客户服务、跨境支付等方面,每章由多个基于同一业务背景下的问题组成,问题的选取具有代表性和普适性。

2. 对每个问题的剖析包括四个模块。"问题背景"将跨境电商入门者在操作过程中遇到的问题和障碍用案例的形式展现出来,力求反映最新形势和平台规则,真实、典型、实用。"所需资料"紧扣业务特征,列举所需的资料或者相应的操作,力求细致全面,可获得性强。"操作技巧"在明确问题、资料准备充分的基础上,告诉读者采用什么流程,如何运用资料去完成相应的操作,帮助跨境电商初入门者越过障碍,顺利进行下一阶段工作,力求过程细致,可操作性、模仿性强。"相关链接"考虑到跨境电商入门者的实际情况,放置相关平台规则、相关的培训视频链接,供读者参考,力求引用正确、内容完整。

本书为浙江省社科联科普课题的研究成果,重在可操作性和趣味性,力求全面地反映跨境电商新手初入门时可能会碰到的问题及其解决方法。感谢参编人员张海燕、吴远、滕详详、陈锋的辛勤付出,由于编者水平有限,疏漏与不当之处在所难免,欢迎广大读者批评指正。跨境电商平台规则变化日新月异,部分问题的操作技巧以编著时的平台政策为准,请读者注意及时查询最新政策。

本书中部分操作流程和图片引用自网络,如雨果网、派代网以及各跨境电商平台官方网站,由于条件所限未能一一列明出处,感谢原作者辛苦劳动的同时,还要真诚地表示歉意,恳请相关作者看到后与编者联系,以便再版时补充进读本。

最后希望此读本能够为您开启跨境电商之旅!

作　者

2018 年 8 月

目 录

第一章　速卖通平台

问题 1：速卖通是什么？

【问题背景】

近年来,我国跨境电子商务展示出了强劲的生命力,2015—2017 年我国海关跨境电商进出口额年均增长达 50% 以上。2017 年通过海关跨境电商管理平台零售的进出口总额达到 902.4 亿元,同比增长 80.6%。伴随着跨境电商的蓬勃发展,2010 年从阿里巴巴国际站中单独分支的小额批发平台——速卖通(英文名:AliExpress)开始正式上线,目前平台海外成交买家数超过 1 亿。如此诱人的市场,吸引很多人加入速卖通大军。到底什么是速卖通?

【所需资料】

通过文献查阅、网络搜索等方法,查询速卖通相关信息。

【操作技巧】

1. 了解速卖通平台。

速卖通是阿里巴巴旗下面向全球市场打造的在线交易平台,集订单、支付、物流于一体,被称为“国际版淘宝”,但速卖通与淘宝不同的是,速卖通是一个货通全球的交易平台,买家以国外消费者为主,平台覆盖全球 230 个国家和地区,其中俄罗斯、美国、西班牙、巴西、法国是速卖通的重点市场。速卖通目前拥有 18 个语种的站点,在 Alexa 全球排名 41 位,海外 App 装机量超过 3 亿。

2. 速卖通新卖家如何快速成长?

通常有三种模式,一是卖家选择自主开店,搭建团队,招聘有经验的运营手自主开店,速卖通提供在线课程和线下培训。二是店铺托管,速卖通官方服务市场可以帮做代运营。三是供销对接,类似于选品会,把核心卖家和产业链的工厂进行双方的对接,现场大家可以谈拿货合作,甚至深入地谈成立合资公司做跨境电商。

3.优质卖家如何更好发展?

速卖通对于优质卖家入驻平台会给予一些政策上的倾斜,包括:

(1)营销资源。速卖通的营销资源全部免费。平台大促、分会场仅向好卖家开放,有很多资源是好卖家专享。

(2)流量扶持。为新店铺优质卖家商品搜索、曝光流量倾斜90天,这是新的优质卖家才有的,旨在帮助其快速成长。新店铺没有交易额和好评,排名可能在50页,通过搜索流量曝光将其往上提。同时还有搜索权益杠杆和直通车头等舱。

(3)品牌特权。优质卖家进来会有一个 Top brand store 专属店铺标志,这是平台认证的优质卖家,买家可以信得过,流量和转化率会高。还有搜索直达和品牌墙展示,输入品牌的名称下面会有官方店的直达。

(4)资源赋能。品牌有很多新项目、新产品,对于好卖家来说有优先享受这种尝试的权利。

(5)内部交流。速卖通有官方的钉钉群,成为好卖家有机会进入核心钉钉群,行业小二、客户经理,甚至行业相关的负责人、产品的负责人都在里面,随时聆听卖家的需求,帮助大家解决问题。

(6)专属服务。会有大客户专家和行业小二与大家做一对一的对接。

【相关链接】

全球速卖通官网首页:

https://www.aliexpress.com。

问题 2：如何注册速卖通账号？

【问题背景】

王刚是一位外贸 SOHO，他计划在速卖通平台独立进行跨境电商平台业务，开启一份属于自己的事业。想要开店，首先要有个速卖通平台账号。

【所需资料】

1. 一个常用的电子邮箱；

2. 一部常用的手机。

【操作技巧】

1.打开速卖通网站 www.aliexpress.com，单击"卖家入口"按钮，如图 1-1 所示。

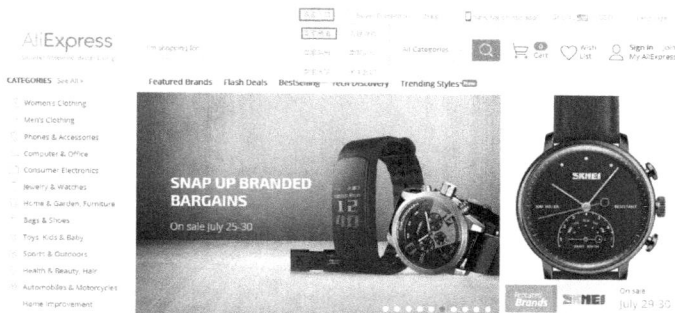

图 1-1

2.点击"卖家频道"，如图 1-2 所示。

图 1-2

3.点击"立即入驻",输入一个电子邮箱地址,并验证是否可用,如图 1-3 所示。

图 1-3

4.点击"下一步",即将验证邮件发至邮箱,如图 1-4 所示。登录邮箱,点击激活链接即可完成账号注册,激活应该在 24 小时内完成。

图 1-4

5.填写账户信息,如图 1-5 所示,注册时密码不可过于简单。

图 1-5

填写好注册信息后单击"确认"按钮,在弹出的对话框中输入手机校验码,即可完成注册。

6.注册后登录账号,显示已经注册成功。

【相关链接】

全球速卖通平台规则(卖家规则):

https://sell.aliexpress.com/zh/_pc/rule_detail.htm。

问题3：个人卖家如何升级为企业卖家？

【问题背景】

王刚计划在速卖通平台经营一家出口童装的店铺,2016年3月20日,他看到一则新闻:"速卖通平台从4月初开始,所有商家必须以企业身份(不包含个体工商户)入驻,不再允许个人商家入驻,原有个人商家需要在2016年8月15日之前完成企业身份认证,否则平台将下架店铺的在线商品,取消其类目的经营权限并全额退还2016年的技术服务年费",这意味着王刚原有的以个人身份注册的速卖通店铺需要在近期升级为企业身份,王刚在短期内要么自己注册一家企业,要么去寻找一家企业,授权他用该企业的信息去进行店铺升级。但是注册企业对于王刚而言不太现实,注册资本和时间成本都太高,王刚打算向朋友求助。王刚的朋友张伟名下有两家公司,其中一家公司是从事传统外贸业务,尚未涉及跨境电商领域。听到王刚的求助,张伟答应利用自己的企业身份帮助他升级速卖通店铺。

【所需资料】

1. 企业4证(营业执照、税务登记证、组织机构代码证、银行开户证明);

2. 企业法人代表的身份证(正反面);

3. 企业支付宝账号(应与营业执照一致);

4. 公证书(如不提交公证书需进入30天公示期)。

需要原件的彩色扫描件或数码照,文件不得超过2M,资料应清晰,无水印且未经处理。

【操作技巧】

整理好相关资料之后,王刚开始进行店铺升级。

1. 王刚用原有速卖通主账号登录"我的后台"。

图 1-6

2.王刚选择"账号及认证中心——账号设置"页面,点击"升级企业认证"按钮。

3.王刚填写原个人认证信息和支付宝账号并签署协议;填写原个人店铺注册时所提交的相关信息:包括"原支付宝账号""原认证人姓名""原认证身份证号"。

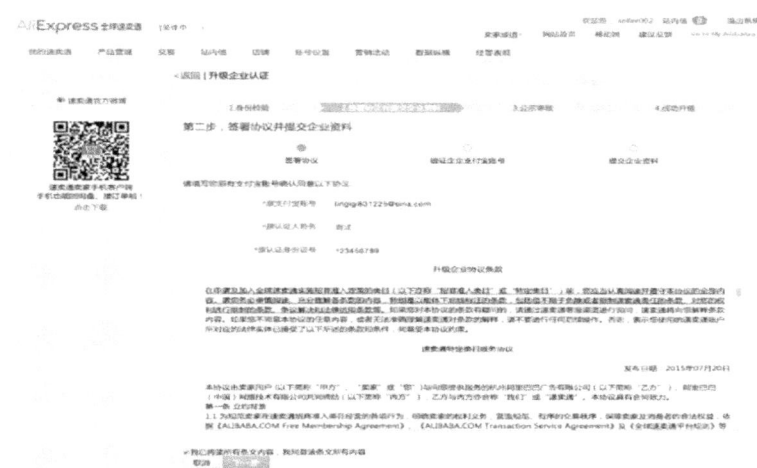

图 1-7

图 1-8

4. 填写企业支付宝账号。

点击"企业支付宝认证"按钮,王刚询问张伟的企业支付宝账号绑定速卖通账号没有超过 6 个后,进入支付宝验证页面,按照提示填写相关企业支付宝信息,完成企业支付宝认证。

图 1-9

图 1-10

5.填写张伟企业相关资料信息。

王刚填写张伟所在企业的"企业营业执照"等相关信息,营业执照必须与企业支付宝认证的营业执照一致,都是张伟所在企业的相关信息;之后王刚上传"营业执照""税务登记证""银行开户证""法人身份证正反面""公证书"等照片或资料,照片支持 jpeg、jpg、pdf 格式,文件不超过 2M,资料清晰、无水印或未经处理。

图 1-11

图 1-12

王刚选择了通过公证书认证,这样可以节约认证时间,审核通过后可直接升级,不用再进入 30 天公示期。

6.资料提交完毕进入审核期,等待审核。

王刚取得公证书后,将公证书的电子版提交审核,3 个工作日内审核通过。至此,王刚的店铺由个人店铺升级成为企业店铺。

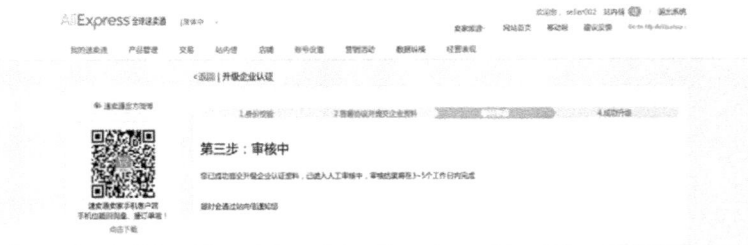

图 1-13

【相关链接】

公证书的核心内容包括:

1.双方当事人,卖家公司(与支付宝企业账户认证信息一致),自然人(与账户原认证人信息一致);

2.速卖通账号(包括账号名)及其绑定的国际支付宝账户注册信息由原自然人变更为卖家公司的双方确认。

问题 4：如何完成企业认证？

【问题背景】

应届毕业生刘靖在大学毕业后自己创业,注册了一家电子商务公司,打算利用速卖通平台从事跨境电子商务。2017 年,速卖通店铺注册必须完成企业认证,并且能够提供入驻速卖通平台所需的相关文件,暂不接受个体工商户的入驻申请,所有新账户必须以企业身份进行卖家账号注册及认证。在注册了速卖通账号后,刘靖需要继续进行企业认证。

【所需资料】

1. 已经注册好的速卖通账号;
2. 有效的企业支付宝账号。

【操作技巧】

1.登录速卖通账号,点击"去认证",开始企业认证。

图 1-14

2.输入已经注册好的企业支付宝账号和密码,即可完成企业认证。

图 1-15

【相关链接】

每个企业身份最多可以认证 6 个速卖通账号;若之前已经用企业支付宝认证过速卖通账号现仍可以继续认证新的账号,但不得超过 6 个。

问题 5：如何入驻店铺？

【问题背景】

企业认证通过之后即可开始入驻。在准备入驻资料时,刘靖了解到速卖通服装服饰的所有类目 2017 年开始实行商标化,也就是说店铺发布的产品必须是有商标的,刘靖在正式入驻之前还需要申请商标资质,才能销售服饰类商品。

【所需准备】

1. 所有商家准入该经营大类账号需要完成企业认证;

2. 经合法登记注册过的公司或企业(不包括个体工商户);

3. 需要提供四证(营业执照、组织机构代码证、税务登记证、银行开户证书)或多证合一后有统一社会信用代码的营业执照及银行开户证;

4. 申请不同店铺类型,对于品牌的资质要求会有所不同;

5. 商品需符合法律及行业标准的质量要求。

【操作技巧】

1. 申请商标资质。2017 年 1 月 1 日开始,新发产品"品牌属性"必须选择商标。点击 https://sell. aliexpress. com/_pc/procedure. htm,了解速卖通入驻指南,在入驻指南中,可以找到申请商标资质的入口,点击进去,可以看到如图 1-16 所示的申请页面。

图 1-16

2. 点击"我要申请",按照指示操作,即可完成品牌申请。

图 1-17

3. 完成店铺注册、认证，准备好相关的入驻资料后，开始准备入驻。

图 1-18

4. 刘靖想要经营的类目是服装服饰，此类目是招商审核制类目，需要在入驻时提交产品清单，如图 1-19 和图 1-20 所示。提交产品清单等入驻资料后，需要等待 4—7 个工作日进行资质初审和复审。

图 1-19

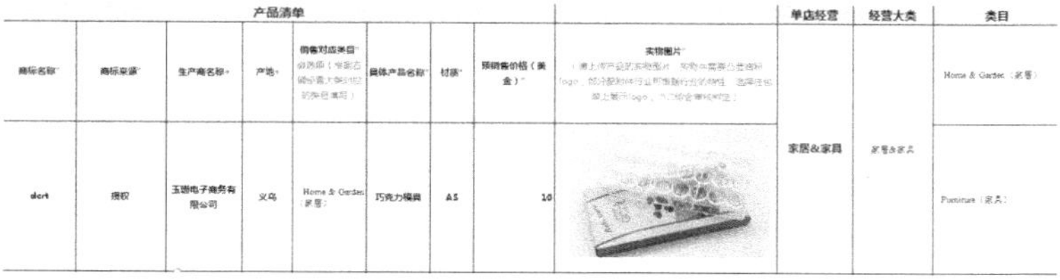

产品清单									单店经营	经营大类	类目
商标名称*	商标来源*	生产商名称*	产地*	销售对应类目*	具体产品名称*	材质*	预销售价格（美金）*	实物图片*	家居&家具	家居&家具	Home & Garden（家居）
dert	授权	玉珊电子商务有限公司	义乌	Home & Garden（家居）	巧克力模具	AS	10				Furniture（家具）

图 1-20

5. 缴纳技术服务费。当审核进展到如图 1-21 所示，意味着审核通过，可以缴纳服务费。

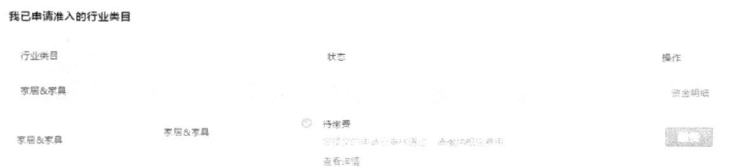

图 1-21

【相关链接】

速卖通 2017 年度各类目技术服务费年费及考核一览表链接：

https://sell.aliexpress.com/_pc/Technicalfee.htm?spm=5261.8252291.0.0.IcPv7h。

问题 6：如何顺利通过开店考试？

【问题背景】

店铺正式开通之前，刘靖需要参加开店考试。速卖通的开店考试是为了让新卖家能够尽快熟悉、了解"速卖通"平台，考试不限时间，满分为 100 分，90 分及格，开卷考试，每道题的右侧，都有相关的知识点供卖家学习。通过考试之后，就可以开启速卖通之旅。怎么考试呢？

【所需准备】

通过店铺实名认证。

【操作技巧】

1. 进入考试页面。

图 1-22 所示的页面只有等提交的证件通过认证后才能看到，一旦通过之后就可以去考试了，点击"马上去考试"即可。

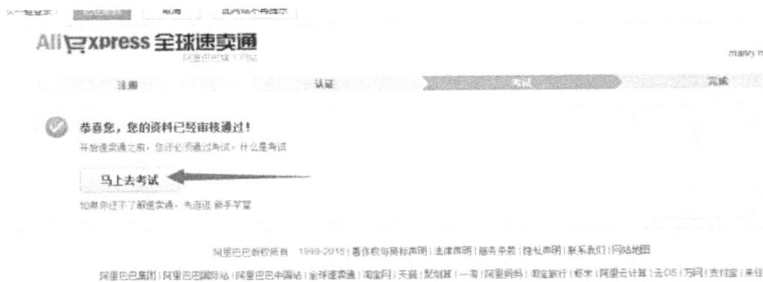

图 1-22

2. 开始考试。

进入考试页面，如图 1-23 所示，如果想通过考试，可以在速卖通考试系统中多多练习相关题目，非常方便快捷。

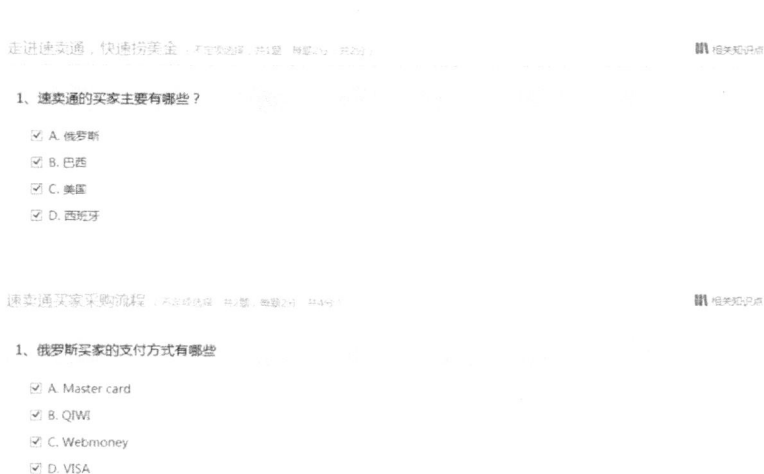

图 1-23

3. 完成考试。

考试完成后可以看到自已得到多少分数,如图 1-24 所示。有很多新手考了好几天都没有通过,这样就需要加大练习力度,多去逛逛相关论坛。

图 1-24

【相关链接】

速卖通开店考试题库:

http://bbs.haiwaixiao.com/thread-131-1-2.html。

问题 7：如何设置店铺资产？

【问题背景】

顺利通过开店考试后，刘靖的店铺就正式入驻速卖通平台了。接下来刘靖需要完善店铺信息，设置店铺资产，以提升点评的曝光率。

【所需准备】

已经注册并通过认证店铺，完成类目选择，缴纳技术服务费，通过开店考试。

【操作技巧】

1.选择店铺的类型。

图 1-25

2.设置店铺名称。

选定店铺类型后，登录自己的速卖通后台，点击"商铺管理"，点击左侧的"商铺名称"，就可以编辑店铺名称了。要注意以下问题：

（1）商铺名称请用英文字符，可含空格、标点符号，但不得超过 64 个字符数；

（2）商铺名称在速卖通平台上具有唯一性，同一个商铺只能存在一个名称，不能重复，若将商铺名称更改成平台上已存在的商铺名称，系统默认为无效更改；

（3）商铺名称每半年仅有一次更改机会；

（4）商铺名称不得违反任何法律法规、平台规则，例如不得包含任何违反第三者版权、违禁、禁止或限制销售的产品名词，不得包含任何引导线下交易的词汇（如第三方网站，paypal 等），不得侵害他人的合法权益。

3.设置店铺二级域名。

点击网址 https://shopdesign.aliexpress.com/manageStoreSubdomainSigne-Deal.htm？spm＝5261.8252291.0.0.fxecX0，如图 1-26 所示，了解速卖通店铺二级域名申请及使用规范。了解速卖通二级域名申请规则后点击"同意并申请"，进入二级域名自助申请系统，即可申请二级域名和注册店铺的二级域名。

图 1-26

4.若申请的是官方店，同步设置品牌官方直达及品牌故事内容。

【相关链接】

全球速卖通店铺类型及相关要求：

https://sell.aliexpress.com/_pc/b1MxGRTcMz.htm。

问题 8：速卖通有哪些产品无法发布？

【问题背景】

如果上传了"速卖通"不能发布的禁售产品和限售产品，是肯定无法发布成功的，因此刘靖需要弄清楚"速卖通"到底有哪些产品不能销售。

【所需准备】

已经注册并通过认证店铺，完成类目选择，缴纳技术服务费，通过开店考试，设置好店铺资产。

【操作技巧】

1. 什么叫禁售产品和限售产品？

主要是指枪支弹药、毒品、易燃易爆品等，限售产品主要是指销售前需前置审批，或凭证经营，或授权经营的物品等。具体产品类别可以参考《速卖通禁限售商品目录》，网址为：http://seller. aliexpress. com/education/rule/trade/post01. html。

2. 发布禁售产品和限售产品的处罚类型。

如果发布了禁限售商品，面临的处罚类型如表 1-1 所示，速卖通平台有权根据发布信息本身的违规情况及会员行为做加重处罚或减轻处罚的处理。

表 1-1

处罚依据	行为类型	违规行为情节频次	其他处罚
禁限售规则	发布禁限售商品	严重违规：48 分/次（关闭账户）	1. 退回/删除违规信息。2. 若核查到订单中涉及禁限售商品，速卖通将关闭订单，如买家已付款，无论物流状况均全额退款给买家，卖家承担全部责任。
		一般违规：0.5—6 分/次（1 天内累计不超过 12 分）	

3. 侵犯知识产权的产品不能发布。

很多新手会使用淘代销上传产品，甚至用搬家工具将别人的产品在自己店铺中发布，这样就涉及侵犯商标、专利、著作权，或者会被投诉图片盗用。因此在发布产品时一定要检查仔细，就算发布成功了也可能只是暂时的，以后被平台发现或者被举报,仍然会被扣费或者删除,面临的处罚如表 1-2 所示,情节严重会被封店。

表 1-2

处罚依据	行为类型		积分处罚	其他处罚
知识产权规则	买家投诉收到假货		6 分/次	退回/删除违规信息
	图片盗用投诉		6 分/次,首次违规 5 天内算一次(不扣分);第 6 天开始,每天投诉扣 6 分。一天内若有多次投诉扣一次分,时间以投诉结案时间为准。	
	知识产权所有人投诉	知识产权所有人投诉(包括但不限于不当使用他人商标、著作权、有争议的专利等)	6 分/次,首次投诉 5 天内被同一知识产权投诉算一次(不扣分);第 6 天开始,每次被同一知识产权投诉扣 6 分,一天内若被同一知识产权多次投诉扣一次分,时间以投诉受理时间为准。	
		知识产权所有人投诉(包括但不限于出售假冒、盗版商品、专利等)	首次投诉成立不扣分,5 天内被同一知识产权投诉成立算一次;第 6 天开始,再被同一知识产权投诉成立扣 12 分;第三次再被同一知识产权投诉成立扣 36 分;一天内若被同一知识产权多次投诉成立扣一次分,时间以投诉处理时间为准。(每次违规后,均须进行知识产权学习)	
	平台抽样检查		每退回或删除一次扣 0.2 分,一天内扣分不超过 6 分;有如下情形之一的,每退回或删除一次扣 2 分,一天内扣分不超过 12 分: (1)发布涉嫌侵权的品牌衍生词; (2)发布涉嫌侵权信息且错放类目。	

4. 不能触犯搜索作弊。

触犯了搜索作弊,虽然产品可以发布上去,但是会让产品搜索排名靠后,情节严重也会导致账户冻结或封店,千万不要抱着侥幸的心理去尝试作弊提升曝光和排名,也不要去模仿其他卖家已有的作弊行为,诚信经营,长远发展才是根本。具体处罚方式如表 1-3 所示。"速卖通"平台也给出了详细案例去介绍如何避免搜索作弊,具体网址为:https://sell.aliexpress.com/zh/_pc/d.htm。

表 1-3

违规行为类型	处罚方式
类目错放	1. 违规商品给予搜索排名靠后或下架删除的处罚。 2. 系统核查到搜索作弊商品将在商品管理-商品诊断中展示,请卖家关注并整改。同时在商品诊断统计中展示的 6 类违规行为(类目错放、属性错选、重复铺货、运费不符、标题类目不符、标题堆砌)纳入商品信息质量违规积分体系,根据违规商品数系统自动进行每日扣分。 违规商品数在 1—50 之间,不扣分; 违规商品数在 50—500 之间,0.2 分/天; 违规商品数在 500 及以上,0.5 分/天。 3. 在系统自动扣分基础上,根据卖家搜索作弊行为的严重程度对整体店铺给予搜索排名靠后或屏蔽的处罚;同时情节特别严重的,平台将依据严重扰乱市场秩序规则保留扣分冻结或直接关闭的处罚。 注:对于更换商品的违规行为,平台将增加清除该违规商品所有销量记录的处罚。
属性错选	
标题堆砌	
黑五类商品错放	
重复铺货	
广告商品	
描述不符	
计量单位作弊	
商品超低价	
商品超高价	
运费不符	
更换商品	
SKU 作弊	
标题类目不符	

【相关链接】

全球速卖通知识产权规则账户处罚标准,如表 1-4 所示。

表 1-4

违规行为类型	处罚方式	
禁限售规则 知识产权规则	分数累计达 2 分	严重警告
	分数累计达 6 分	限制商品操作 3 天
	分数累计达 12 分	冻结账户 7 天
	分数累计达 24 分	冻结账户 14 天
	分数累计达 36 分	冻结账户 30 天
	分数累计达 48 分或全店铺售假或进行恶意规避等	关闭账户

续　表

违规行为类型	处罚方式
禁限售规则 知识产权规则	注： 1. 分数按行为年累计计算，行为年是指每项扣分都会被记 365 天，比如 2013 年 2 月 1 日 12 点被扣了 6 分，要到 2014 年 2 月 1 日 12 点才被清零。 2. 对处罚分数不断增加的卖家，将同时给予整个店铺不同程度的搜索排名靠后处理。 3. "限制商品操作"是指对速卖通卖家发布新产品以及产品编辑功能进行关闭，无法操作。 4. 如会员侵权情节特别严重，阿里巴巴保留单方面解除合同、直接关闭账户的权利。

问题 9：如何利用行业情报挖掘商机？

【问题背景】

店铺完成设置后，刘靖开始思考如何选品，打造出爆款，打开店铺的局面。刘靖首先开始速卖通后台数据的研究，他需要用什么工具去选品呢？选品的三个步骤是数据获取、数据分析和竞争力分析。要想获得行业数据，首先要用到的工具是速卖通的行业情报。

【所需准备】

已经注册并通过认证店铺，缴纳技术服务费，通过开店考试，完善店铺信息。

【操作技巧】

1.分析行业概况。

打开"数据纵横"—"行业情报"页面，如图 1-27 所示。我们看到最近 7 天内，男装的访客占比为 29.01%，支付订单占比为 13.14%，这项数据表明在一级类目服装下面，二级类目中的男装占了 29.01% 的市场。

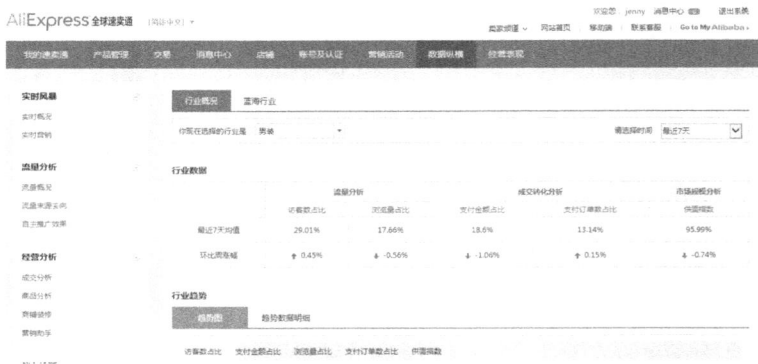

图 1-27

2.分析品类访客占比。

分析多个品类时可以用行业趋势，不需要一个个去查询行业趋势。我们选择 3 个比较有代表性的类目：女装、婚纱、男装。系统会呈现出这 3 个类目访客占比在 7 天内的趋势图，如图 1-28 所示，可以直观地看到这 3 个行业的访客数占比平均约为 63.3％、36.37％、29.25％。其中女装最多,男装最少。

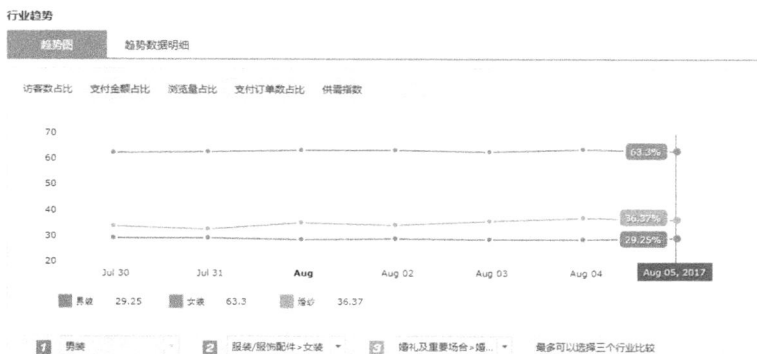

图 1-28

3.分析品类成交金额占比。

关于成交金额占比,女装、婚纱、男装三个品类数据分别为 58.72％、40.17％、19.46％,如图 1-29 所示。通过分析访客占比和成交金额占比,我们不难发现它们呈现出正相关关系,即访客量大的,成交金额占比也高。

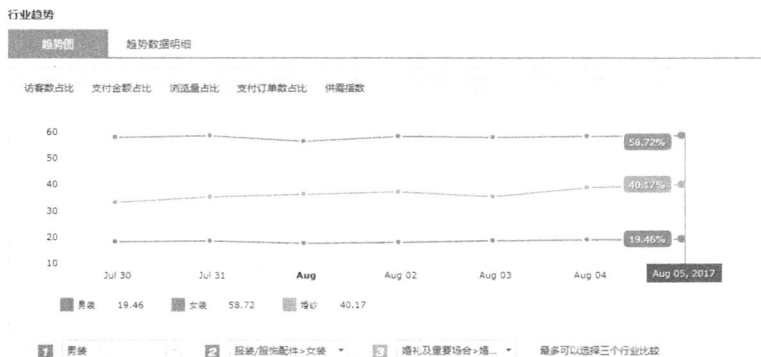

图 1-29

4.分析供需指数。

在供需指数方面,女装、婚纱、男装三个品类数据分别为 117.99％、108.01％、96％。供需指数大于 100％,认为属于供过于求,供需指数越大,竞争就越激烈。如此可见,女装类目竞争最为激烈,男装类目竞争最小。

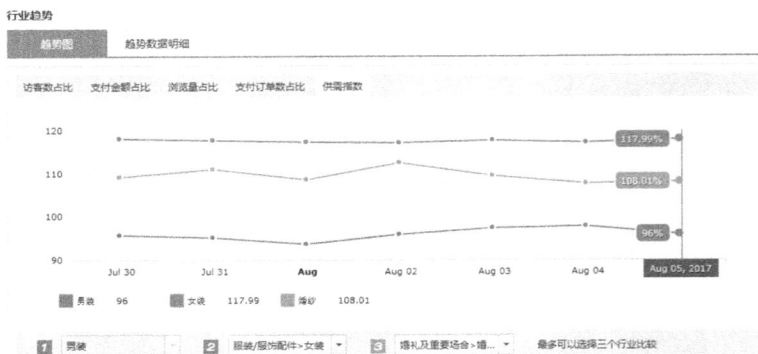

图 1-30

综合分析可以得出：

1. 女装类目市场容量大，市场空间无限；

2. 女装类目浏览量高，访客数多，客户需求大；

3. 女装类目成交额占比高，客户购买欲望强；

4. 女装类目供需指数虽然比男装、婚纱类目高，但是与早期相比已经有大幅下降。女装类目虽然卖家多，但是买家也多，女装类目产品多样化，竞争热度也会被分散。

经过行业情报的分析，大致可以认为女装类目是个不错的选择。

【相关链接】

速卖通行业情报页面：

https://seller.aliexpress.com/trade-analyse.html。

问题 10：如何通过选品专家发现热销产品？

【问题背景】

任何一款产品上架之前都需要了解市场,是不是有人卖过,有没有一定的市场需求,如果速卖通都没有开通,你的产品的类目就不需要考虑了。同样,如果一款产品市场上很少有人卖,开了直通车都没人看,还是果断放弃的好。刘靖通过行业情报分析得出女装类目是个不错的选择,但是刘靖想女装的世界纷繁复杂,款式多样,他需要继续研究女装这个品类下哪些产品比较热销。他需要用到哪个工具呢?

【所需准备】

已经注册并通过认证店铺,完成类目选择。

【操作技巧】

1.分析供需指数。

打开"数据纵横"—"选品专家"工具,选择服装类目。有两个工具:热销与热搜。热搜适合开发新品,挖掘新的商机;热销适合寻找爆款。这里选择"热销"工具。如图 1-31 所示,圆圈越大代表市场规模越大,圆圈越红代表竞争越激烈。

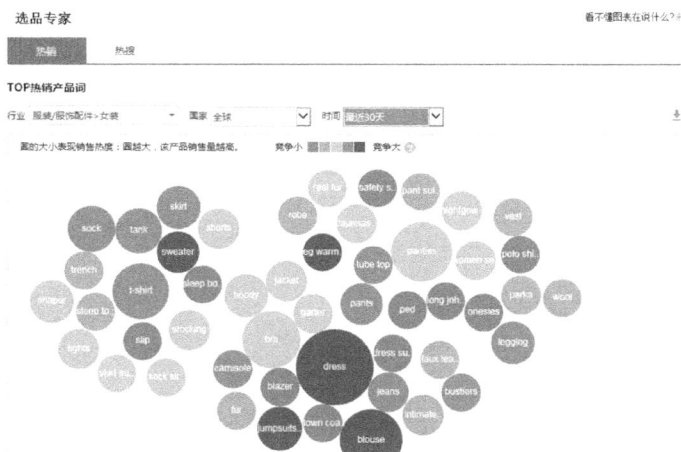

图 1-31

2. 下载原始数据。

图 1-32 所示的是原始数据，从中能看到很多条目和数据。

行业	国家	商品关键词	成交指数	浏览-支付转化率排名	竞争指数
女装	全球	panties	72863.00	1	0.98
女装	全球	bra	61252	2	0.95
女装	全球	sock	28464	4	1.45
女装	全球	blouse	67790	7	2.09
女装	全球	intimate accessory	8254	3	0.7
女装	全球	dress	103223	12	3.29
女装	全球	shaper	16106	6	1.17
女装	全球	stocking	9622	5	1.07
女装	全球	t-shirt	51510	25	1.7
女装	全球	tank	21717	13	1.69
女装	全球	tights	7114	8	1.06
女装	全球	legging	16106	15	1.55
女装	全球	hoody	17705	23	1.12
女装	全球	skirt	15779	20	1.47
女装	全球	jumpsuits playsuits	16840	19	1.98
女装	全球	garter	4072	9	1.04
女装	全球	pants	11444	21	1.38
女装	全球	sweater	14519	22	1.68
女装	全球	shorts	7594	18	1.29

图 1-32

3. 开始选品。

卖家都希望自己销售的产品市场大，顾客爱买，竞争不激烈。所以他们会选择成交指数大，顾客购买率靠前同时竞争指数小的产品，所以我们可以设置选品指数 X，X＝成交指数/浏览支付转化率排名/竞争指数。这个在 EXCEL 中就可以运用公式进行操作。X 指数越高，成交指数越高，购买率越高，竞争越小。通过上述处理，得到已经排好选品指数顺序的数据图，如图 1-33 所示。

行业	国家	商品关键词	成交指数	浏览-支付转化率	竞争指数	选品指数
女装	全球	panties	72863.00	1	0.98	74350
女装	全球	bra	61252	2	0.95	32237.89
女装	全球	sock	28464	4	1.45	4907.586
女装	全球	blouse	67790	7	2.09	4633.63
女装	全球	intimate accessory	8254	3	0.7	3930.476
女装	全球	dress	103223	12	3.29	2614.564
女装	全球	shaper	16106	6	1.17	2294.302
女装	全球	stocking	9622	5	1.07	1798.505
女装	全球	t-shirt	51510	25	1.7	1212
女装	全球	tank	21717	13	1.69	988.4843
女装	全球	tights	7114	8	1.06	838.9151
女装	全球	legging	16106	15	1.55	692.7312
女装	全球	hoody	17705	23	1.12	687.3059
女装	全球	skirt	15779	20	1.47	536.7007
女装	全球	jumpsuits playsuits	16840	19	1.98	447.6342
女装	全球	garter	4072	9	1.04	435.0427
女装	全球	pants	11444	21	1.38	394.893
女装	全球	sweater	14519	22	1.68	392.8301
女装	全球	shorts	7594	18	1.29	327.0457

图 1-33

可以看出,原来成交指数第一的dress,现在变成了第六名,而且和第一名的panties有较大差距。原因在于:

dress的成交指数没有比panties高很多;dress的支付转化率没有panties高,panties的支付转化率是这个类目的第一;dress的竞争指数太大,远远高于panties。到这里,我们会初步认为panties是比较理想的产品。但是在实际中要注意,成交指数、支付转化率和竞争指数三者权重不一定相同。举个例子,如果拥有服装工厂,有货源优势,对我来说最重要的就是成交指数,因为我有工厂,有竞争力,有资格和能力成为行业顶级卖家,我一定追求在成交量最大的细分类目里登顶。所以我的选品指数就应该为 $X = 2 \times$ 成交指数/浏览支付转化率排名/竞争指数,即放大成交指数。

【相关链接】

1. 选品指数越大的品类越好做;

2. 按照选品指数排序后,要研究造成这样排序的原因,可以更好理解市场;

3. 要结合自身情况去调整参数的权重。

问题 11：如何通过数据透视表进行选品？

【问题背景】

刘靖通过选品专家初步选定panties这个细分类目，即短裤。短裤的款式也有很多，刘靖需要进一步确定到底什么款式的女士短裤比较热销。他需要用到哪个工具呢？

【所需准备】

已经注册并通过认证店铺，完成细分类目选择。

【操作技巧】

1.分析热销属性。

选择具体哪款panties比较好，通过"TOP 热销属性"和"热销属性组合"两个工具可以确定，如图 1-34 和图 1-35 所示。

图 1-34

热销属性组合

相同颜色代表一类属性组合，颜色点比越大表示销量越多，您可以根据属性组合结合供应情况进行选品。

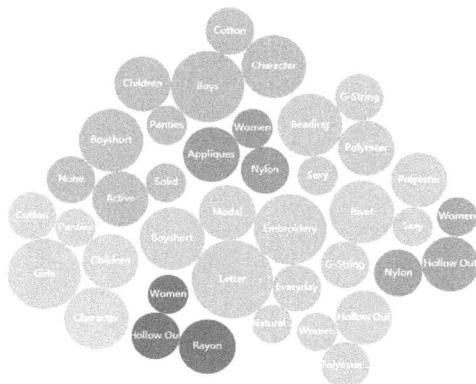

图 1-35

2. 利用数据透视表分析。

首先下载原始数据,如图 1-36 所示。

行业	国家	商品关键词	属性名	属性值	成交指数
/服饰配件>	全球	panties	material	cotton	313906
/服饰配件>	全球	panties	material	spandex	279754
/服饰配件>	全球	panties	material	polyester	172512
/服饰配件>	全球	panties	material	nylon	145069
/服饰配件>	全球	panties	material	modal	47705
/服饰配件>	全球	panties	pattern type	solid	424289
/服饰配件>	全球	panties	pattern type	floral	48510
/服饰配件>	全球	panties	pattern type	print	31171
/服饰配件>	全球	panties	pattern type	character	9932
/服饰配件>	全球	panties	pattern type	patchwork	7454
/服饰配件>	全球	panties	gender	women	552908
/服饰配件>	全球	panties	gender	men	21
/服饰配件>	全球	panties	item type	panties	552929
/服饰配件>	全球	panties	panties type	briefs	371900

图 1-36

将表格中的数据转化为数字,插入数据透视表,在弹出的对话框中选择整个表格区域然后单击"确定"按钮,如图 1-37 所示。

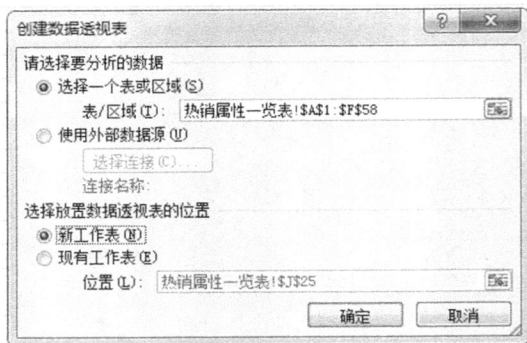

图 1-37

在接下来弹出的窗口中勾选"属性名""属性值"和"成交指数"选项,如图 1-38 所示。接着就会出现详细的成交指数分析数据,如图 1-39 所示。

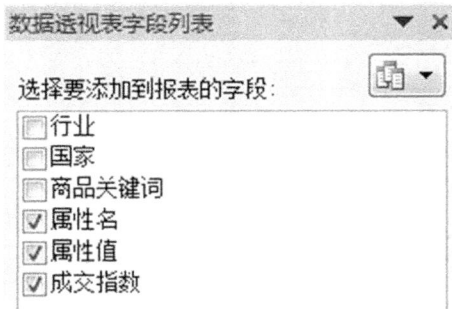

图 1-38

图 1-39

数据透视表可以帮我们对数据进行分类汇总整理,最后得出具有热卖属性的产品。将所有成交指数最高的属性挑选出来,可以得到 panties 这个类目里最好卖的产品。从图 1-39 可以看出,黑色、红色、白色的带有蕾丝的短裤比较受欢迎。

【相关链接】

常用的选品网站：

1. www. watchcount. com，可以查看 eBay 各国站点关注度最高的产品；

2. www. watcheditem. com，可以查看各国 eBay 各级类目下热卖的产品；

3. Terapeak，可以查到 eBay 平台的商品销售数据，这样可以判断哪些是热销商品和类目；

4. Google Trends 谷歌趋势，可以看到每个关键词的搜索趋势，可以根据升高或者降低来判断产品最近的销售趋势。

问题12：如何设计标题才能获得更多搜索流量?

【问题背景】

完成选品工作后,刘靖就要开始发布产品了。发布产品到底需要准备哪些信息呢? 发布产品第一步就是给产品设计标题,刘靖想:产品标题是不是就是产品的名称呢? 把说明书的名字写上去就可以吗?

【所需准备】

1. 有适合在速卖通销售的产品;

2. 有速卖通账号,并且已经完成账号的身份实名认证;

3. 完成好选品工作。

【操作技巧】

1.了解标题构成。

刘靖的想法实际上过于简单了,在速卖通平台上标题对引流有至关重要的作用,而标题当中的关键词选取是重中之重。标题的作用是为了帮助买家快速找到自己想要的产品。对于卖家而言,标题的作用可不仅仅如此,标题是为了让更多的买家搜索到产品,设计标题是个技术活,应该认真研究。如何才能排到前面混个脸熟呢? 这就涉及速卖通的平台规则了。速卖通的排名规则主要基于相关性和商业性的分析,平台会将文字上最符合的以及品质最好的或大家都喜欢买的推给消费者。每个标题里都有三部分:核心词、流量词和属性词。

2.了解标题设计的流程。

标题设计的详细流程就是收集数据(数据纵横),分析数据(得出词表),设置标题。数据收集的途径和选品一样,但是我们应该关注词语,并将词语分为顶级热搜词、属性词、修饰词、单品名、店铺名等类别。

可以用"三段法"来制作标题,三段法就是指标题由核心词汇＋属性词＋流量词组成。

核心词是指产品本身是什么,核心词应该是行业热门词,也叫大词,搜索量巨大的词,它影响排行,影响点击率。

属性词要能抽取出产品的特点,包括长度、颜色等,如蕾丝(lace)、超大码

（plus size）、手工制作（hand made）等。

　　流量词是指能带来流量的词，这类词不针对某一产品，如2018、流行、最新款等。

　　核心词汇是不变的部分，属性词是可变的部分，流量词是可替换的部分。

　　我们来看一个热卖的产品，分析一下它的标题，如图1-40所示。

图 1-40

　　我们选定dress这个次级类目，这个类目下有很多产品，产品之间的颜色、款式各不相同。像2015，free shiping这两个词就是流量词，是为了符合消费者的搜索习惯而设置的。像dress for girl、girl dress这些词是核心词，像butterfly flower printed、sleeveless这些词就是属性词。这三类词对于不同的卖家，意义是不一样的,理解标题的作用,应该从消费者的搜索习惯入手。

对于中小卖家而言,商业属性无法与大卖家比拟,所以核心词正面竞争比较吃亏,应该灵活运用属性词和流量词,以匹配买家更精准的需求。以上述童装为例,如果买家要正式一点的参加聚会的童装,那么带有formal party的标题相关性就很高了。新款的话,也应该抽取产品的特征作为属性词,这样更容易曝光。

3.了解不同类型的产品标题如何批量设置。

(1)爆款。

特点:倾注绝大多数人力、物力、财力。

策略:核心词汇+修饰词+属性词。

爆款是和大的卖家竞争的词,应该用大词,只有大词才能带来足够多的流量。

(2)引流款。

特点:广告花费不如爆款多,用于报名参加活动,拓展店铺流量来源(预备爆款)。

策略:核心词汇+修饰词+属性词+次级热词。

引流款应该算小型爆款,和爆款标题设置的思路一样,但由于是小爆款,所以我们用的词也相对小一些,不抢爆款的风头。

(3)利润款。

特点:承担为店铺带来自然搜索流量的任务。

策略:核心词+属性词+流量词。

店铺中除了爆款和引流款,其他都叫利润款,这些产品的标题在设置时就是采用最原始的标题设置方式。

【相关链接】

"商品优化之产品标题优化"课程:

https://university. aliexpress. com/course/detail. htm? spm = a2g1d.9191980. 0. 0. 578f567b5INY1R&code=AE5325。

问题 13：如何选择商品属性？

【问题背景】

发布产品是店铺经常要做的事情,产品发布的好坏直接影响店铺流量的大小。前面刘靖在设计产品标题时认识到这对搜索排名、曝光量、点击量有非常重要的作用,因此他花了很长时间将宝贝的标题设计好,接下来就要完善商品的属性了。刘靖想,既然标题如此重要,那属性应该很简单了吧。

【所需准备】

1. 有适合在速卖通销售的产品;

2. 有速卖通账号,并且已经完成账号的身份实名认证;

3. 完成好选品工作,设计好商品的标题。

【操作技巧】

1. 认识属性的重要性。

进入商品发布页面,选择好类目后,点击"我已阅读以下规则,现在发布产品",就可以看到开始完善商品属性的页面。你会看到密密麻麻的选项,如图 1-41 所示的平台会罗列出该类产品的主要属性类型供你选择。

图 1-41

以童装为例,童装类目竞争很激烈,竞争指数达到了 150%。但是因为产品材质、设计和款式差别较大,因此仍然有发展空间。在这种情况下,排名靠前的都是大卖家。买家如果一开始对款式材质没有明确要求的话,他们会从左侧的属性栏里面精确寻找产品,这样中小卖家的商品比较容易曝光。而且系统已有的属性会被平台自动翻译成不同国家的语言,俄语系消费者是速卖通平台流量的重要来源,平台经常开展针对俄语系国家的活动。系统已有的属性会比详情页里面的翻译更容易被消费者接受。因此,刘靖一开始关于属性的想法太简单啦。

2.开始选择商品属性。

在产品属性提示中可以看到这么一句话:"该产品所在类目下优质商品的属性填写率为 78%",所以我们在填写产品属性的时候要把属性填写率提升到 78% 以上,最好达到 100%,这样有助于提升产品的曝光量。属性可以方便买家搜索,买家搜索出来的结果,就是根据类目、标题和属性来匹配的,大部分买家会点选属性来缩小搜索范围。以图 1-42 中的 T 恤为例,如果我们发布的材质只有"涤纶",那就只能勾选涤纶,千万不要为了曝光量而把其他的属性都勾选上。假如我们勾选了真丝,买家收到产品后发现没有真丝会很愤怒,肯定会给差评还会产生纠纷,收到差评的产品曝光量会下降。因此,务必根据产品的实际信息进行仔细填写。

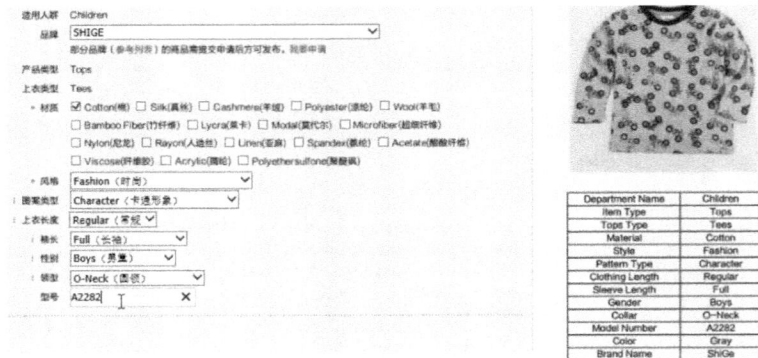

图 1-42

3.添加自定义属性。

自定义属性作为标题的补充,能提升属性的填写率。发布产品的信息填写得完整、准确,会给今后销售带来很大的便捷,给产品热销打下基础。

【相关链接】

"商品属性优化与搜索诊断"课程：

https://university. aliexpress. com/course/detail. htm? spm ＝ a2g1d. 9191980. 0. 0. 1058567bYlTpcg&code＝AE5730。

问题 14：如何制作有吸引力的主图？

【问题背景】

在发布产品的过程中，有个重要环节就是商品的图片。产品主图是买家第一眼看到的图片，要想买家对图片感兴趣并且点击进来，就需要设计有吸引力的主图，有吸引力才会获得更多点击率，有点击率的店铺访客才会多，有了访客才有可能转化为订单。俗话说"好图胜千言"，刘靖深知一张好的图片才能达到视觉营销的效果。但是何谓好的主图呢？什么样的图片才能吸引买家呢？

【所需准备】

1. 有适合在速卖通销售的产品；

2. 有速卖通账号，并且已经完成账号的身份实名认证；

3. 完成好选品工作，设计好商品的标题；

4. 完成商品属性填写。

【操作技巧】

1.了解何谓有吸引力的主图。

合格图片的基础是曝光正确，对准焦距，优秀的主图要尺寸标准、主题突出、背景单一、简洁美观。我们来看图 1-43，这两张图设计很好，左图展现了衣服的正面，看起来简洁美观，背景是单一的白色，突出了主题，产品全景也都展示出来了，让客户有直观的体验，这样的图片才能吸引买家去打开链接。主图制作应该注意尺寸，尽量展示商品的全景。

图 1-43

2.产品陈列构图设计。

对于款式多、颜色多的产品,不仅要注重图片拍摄技巧,产品的摆放也是有讲究的。拍摄主图要选择美观的摆放方式,产品的陈列构图对图片的拍摄效果也会起很大作用,是影响能否成为优质图片的关键。以图 1-44 为例,将左右两张图进行对比,很显然左边的构图效果更好,左边构图整齐有序,呈现出放射构图形式,更能吸引买家。右边则显得毫无章法。产品陈列构图包括放射构图、对角构图、三角构图、井字构图和斜线构图等,如图 1-45 所示。

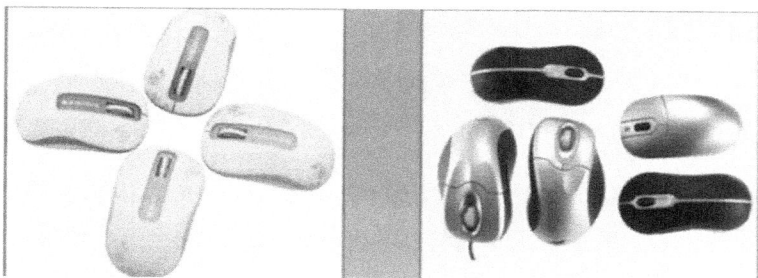

图 1-44

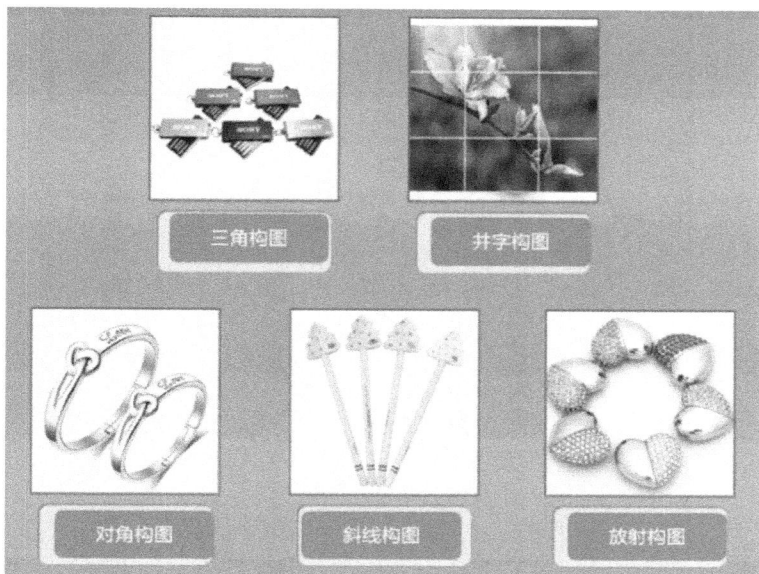

图 1-45

我们再来看看图 1-46 所示的两幅图片,哪个更好呢? 从左图看,很明显卖家销售的是裙子,右图看不出来是销售短裙还是上衣。所有主图都应该让买家能直观看出销售的是什么。

图 1-46

3. 速卖通对于图片的规定。

速卖通对于上传的图片也是有规定的,如图片上不能带有明显的站外联系方式,详细描述中的图片链接不能包含其他网站相关的物品说明或链接,不得抄袭其他卖家的图片。

【相关链接】

如何做出有吸引力的主图? 如果想要让图片更加有吸引力一些,可以在主图上加一些促销素材,这样会更加吸引买家眼球。从哪里可以搜集素材呢?

1. 昵图网:http://www. nipic. com;

2. 千图网:http://www. 58pic. com;

3. 花瓣网:http://huaban. com;

4. 堆糖网:https://www. duitang. com。

问题 15：如何精准定价？

【问题背景】

在发布产品过程中,编写好标题,选择好对应的属性后,刘靖需要开始给产品定价。定价非常重要,因为定价影响点击率、排序和转化率,如不采用科学的定价方法,有可能导致该款产品亏损。那准确计算产品价格,需要掌握哪些资料呢?

【所需准备】

1. 有适合在速卖通销售的产品;

2. 有速卖通账号,并且已经完成账号的身份实名认证;

3. 完成好选品工作,设计好宝贝的标题;

4. 完成商品属性填写;

5. 完成商品主图上传。

【操作技巧】

1. 了解影响定价的因素。

在计算价格前,刘靖仔细思考了一下需要考虑哪些因素,开始时他想到了产品成本、国际运费、平台佣金和利润,但是他总觉得缺了点什么。在朋友的提醒下,他了解到,影响产品定价的因素不仅仅只有上述四项,还要考虑销售策略、购买数量、计量单位、折扣率和竞品价位。不同产品、不同行业的利润率是不同的,爆款、引流款和利润款的折扣率是不同的。销售策略最基础的有两种,一种是打造爆款,带动销量;一种是全面实价。

2. 准确制定定价公式。

物流成本、折扣空间和利润率对定价影响很大,因此在计算产品价格时务必考虑周到。

对于消费者而言,谁不喜欢包邮的东西呢?运费成本要算到价格里。对于新店铺而言,需要搞点打折活动来吸引流量,这部分也要提前预留在价格里,用打折、包邮的元素来吸引客户。成本毛利润率也是不可忽略的,即毛利润除以成本的比例。

公式为：

$$商品价格 = \frac{\dfrac{(商品成本＋物流成本) \times (1＋利润率)}{(1－平台佣金率) \times 预留折扣率}}{汇率}$$

要注意的是，汇率不可以用当天的汇率，收款时间通常要到一个月后，如果美元汇率下降的话，会导致亏损，所以应根据近期的汇率，选择一个安全值。

3. 计算商品价格。

刘靖即将上架的一款编号为 GW02 的女童连衣裙，产品成本价为 28 元人民币每件，运费为人民币 12 元每件，预期毛利润率为 40%，预留折扣为 80%，平台佣金为 5%，汇率为 USD1＝CNY6.00，因此这款连衣裙的价格为：

$$商品价格 = \frac{\dfrac{(28＋12) \times (1＋40\%)}{(1－5\%) \times 80\%}}{6} = USD12.28$$

【相关链接】

产品价格设置技巧：

https://university. aliexpress. com/course/detail. htm? spm ＝ a2g1d.9191980.0.0.406f567bMym4Je&code＝AE5385。

问题 16：如何提升详情页质量？

【问题背景】

刘靖带领同事们正热火朝天地忙着，一边要熟悉速卖通平台规则，一边要处理产品的发布和修改，接下来刘靖要处理产品详情页的描述。因为面对的都是终端消费者，刘靖想这应该与淘宝商品中的详情页描述差不多吧。

【所需准备】

1. 完成发布的前期相关工作；

2. 设计制作好的主图。

【操作技巧】

1. 如何判断详情页优劣。

因为本书属于入门级的科普读物，因此详情页制作部分帮助读者判断好的详情页应该是什么样子。判断详情页优劣的指标有：转化率、平均访问速度、平均页面停留时间、跳失率、客单价，其中转化率最为关键。

2. 如何通过视觉营销提升详情页质量。

视觉对于电商的重要性不言而喻，因为视觉直接影响转化率。大多数卖家是将视觉外包的，因为自己雇美工，在品质、效率和成本上不一定都理想。

(1) 主图。问题 14 已详细分析。

(2) 详情页模板。

衡量详情页的指标包括转化率、页面停留时间和访问深度。优质的详情页由一系列图片构成，因此也叫视觉营销。通常为了提高效率，会制作一套或者多套详情页模板，对不同的产品进行套用。模板往往包括以下几个区域：

① 广告区：这个位置会放一些美观的广告图、海报图和重要的信息，当然，还有关联营销图。通常在详情页的最上面放置关联营销产品信息模块，如图 1-47 所示，这样可以让客户在看主打产品前，看到其他的关联产品，增加他进入店铺其他页面的可能性，引导流量。

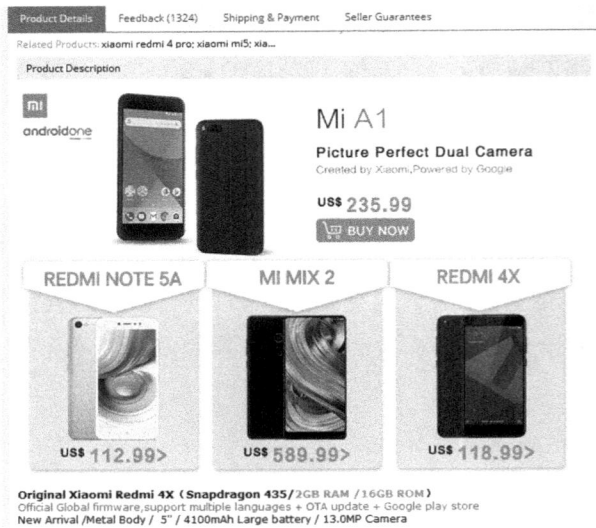

图 1-47

②产品广告图区:这里会放置产品的广告、SKU 介绍、产品属性、卖点、真假对比等图片,是对具体产品打的广告。如图 1-48 所示,列出产品的主要参数(Main Features),最好用美观的图片把产品的特点展示给买家。

上传产品详情图片时,一定要注意避免详情图片与主图不一致,避免后期买家投诉产品与图片不一致。

③产品实拍图区:这里应该放置产品的实拍图、细节图。如果是服饰,可以放置佩戴图、使用图、买家分享图,图片在真实的基础上要美观、有吸引力,如图 1-49 所示,能够看到手机后盖圆润且有金属光泽。

对于产品图片的选择,应该注意以下几点:产品正面、侧面、背面、细节、包装的展示图片都应该有;分辨率不应该低于 800×800,尺寸要统一,呈正方形;不得抄袭其他卖家的图片,以免受到平台处罚;不要对图片过分修饰,以免影响产品真实性。

④店铺信息图区:这里主要放一些与交易相关的信息,如付款方式、物流方式、公司介绍、礼品赠送规则、FAQ 等。

(3)文案。

没有文字只有图案的详情页会让人感到苍白无力,美观的图片配合优秀的文案才会让人有购买的冲动。对于入门者而言,需牢记以下几点:一是文案要直

Original Xiaomi Redmi 4X 2GB 16GB 4100mAh Snapdragon 435 Octa Core Fingerprint ID FDD LTE 5" 720P MIUI 8.2 Mobile Phone

·MAIN FEATURES·

CPU --------- Snapdragon 435 Octa Core up to 1.4GHz (Adreno 505 GPU)
Screen ------- 5.0-inch 1280x720p HD Screen
OS --------- MIUI 8.2 Global firmware,Support OTA
RAM+ROM---2GB RAM+16GB ROM
Camera ------13MP Rear Camera, 5MP Front Camera
Battery ------ 4000mAh(Mini) - 4100mAh(Typ),
Attention ---- For Muti-Language supported.We will install Global firmware for you.
Network --- Dual SIM Dual Standby (Micro SIM Card + Nano SIM Card / Micro SIM Card + TF Card)
2G: GSM 850/900/1800/1900MHz
3G: WCDMA 850/900/1900/2100MHz
4G: FDD LTE B1/B3/B5/B7/B8; TD LTE B38:2600/B39:1900/B40:2300/B41:2555-2655MHz

Redmi 4X and Redmi 4x 32G.

Xiaomi Redmi 4X	Model	Redmi 4X Pro 124.99$<<Buy Now>>
Snapdragon 435 Octa Core,up to 1.4GHz	CPU	Snapdragon 435 Octa Core,up to 1.4GHz
2GB 16GB,support TF Card to 128G	ROM	3GB 32GB,support TF Card to 128G
5.0 inch,1280x720	Screen	5.0 inch,1280x720
Support , Fingerprint ID	Touch ID	Support , Fingerprint ID

What is in box

Standard Phone BOX

A free adapter for your country

图 1-48

图 1-49

白有效。没有"打折""促销""清仓"这样的字眼,很难深入买家的内心。二是要图文结合。Key words 反复出现,卖点变着花样出现,才能触动买家。三是要与众不同,要不断寻找新的台词、新的角度表达自身产品的优势和卖点。

(4)侧边栏。

从店铺首页进入详情页可以看到侧边栏,这是一个额外的产品信息模块,主要包括客服席位、新品与销量榜、二维码、多语言选择、工作时间等,可以多设置几个客服,建议将名字设为多语言的。新品与销量榜可以产生有效的关联营销效果。二维码作用主要是引导客户使用移动端进行访问,而目前移动端的流量与销量已经不容小觑。

【相关链接】

速卖通平台"店铺装修之详情页文案"课程:

https://university. aliexpress. com/course/detail. htm? spm ＝ a2g1d. 9191980. 0. 0. 3025567bl3X77X&.code＝AE5146。

问题 17：如何计算运费减免？

【问题背景】

做好产品的详情页之后,刘靖确定了发货的物流渠道,准备开始设置运费模板。刘靖通过研究发现,很多速卖通卖家在标准运费基础上都会给予客户一定程度的运费减免,他需要学会计算运费减免。

【所需准备】

1. 完成发布的前期相关工作;

2. 设计好产品的详情页。

【操作技巧】

1. 计算运费。

大部分卖家都会通过中国邮政挂号小包发货,以邮政小包为例演示,先来看看中邮小包的运费标准,如图 1-50 所示,根据国家分类,所寄区域共分为 10 个区,其中第 10 区我们往往选择不发货,原因是距离较远,这些国家购买率较低并且丢件率比较高。由于买家主要集中在前 5 区,我们通常选择包邮。中邮小包的运费＝重量/kg×标准运费/kg＋挂号费。一件商品包装后的实际重量为250g,使用中国邮政小包发往美国,那么国际运费是 30.625 元。

分区	寄往国家	资费标准（元/kg）（不含挂号费）	挂号费
第1区	日本	62	8元/件
第2区	新加坡、印度、韩国、泰国、马来西亚、印度尼西亚	71.5	8元/件
第3区	奥地利、克罗地亚、保加利亚、斯洛伐克、匈牙利、瑞典、挪威、德国、荷兰、捷克、希腊、芬兰、比利时、爱尔兰、意大利、瑞士、波兰、葡萄牙、丹麦、澳大利亚、以色列	81	8元/件
第4区	新西兰、土耳其	85	8元/件
第5区	美国、加拿大、英国、西班牙、法国、俄罗斯、乌克兰、卢森堡、爱沙尼亚、立陶宛、罗马尼亚、白俄罗斯、斯洛文尼亚、马耳他、拉脱维亚、波黑、越南、菲律宾、巴基斯坦、哈萨克斯坦、塞浦路斯、朝鲜、蒙古、塔吉克斯坦、土库曼斯坦、乌兹别克斯坦、吉尔吉斯斯坦、斯里兰卡、巴勒斯坦、叙利亚、阿塞拜疆、亚美尼亚、阿曼、沙特、卡塔尔	90.5	8元/件
第6区	南非	105	8元/件
第7区	阿根廷、巴西、墨西哥	110	8元/件
第8区	老挝、孟加拉国、柬埔寨、缅甸、尼泊尔、文莱、不丹、马尔代夫、东帝汶、阿联酋、约旦、巴林、阿富汗、伊朗、科威特、也门、伊拉克、黎巴嫩、秘鲁、智利	120	8元/件
第9区	塞尔维亚、阿尔巴尼亚、冰岛、安道尔、法罗群岛、直布罗陀、列支敦士登、摩纳哥、黑山、马其顿、圣马力诺、梵蒂冈、摩尔多瓦、格鲁吉亚	147.5	8元/件

图 1-50

2.计算运费减免。

如果一件商品240g,前5区包邮,那么第8区的运费减免率应该是多少呢?

第一步,前5区的邮费应该为29.72元;

第二步,第8区邮费应该为36.8元;

第三步,第8区标准运费减免率=(前5区邮费÷8区邮费)×100% ≈81%。

【相关链接】

速卖通大学"新手运费模板设置"课程:

https://university. aliexpress. com/course/detail. htm? spm = a2g1d. 9191980. 0. 0. 67f9567blWaQA7&code=PX03D353。

问题 18：如何编辑 CPA 运费模板？

【问题背景】

　　学会计算运费减免率之后,刘靖准备开始设置运费模板,一看到运费模板,他就犯难了,这也太复杂了,看了半天也没有看明白,刘靖一筹莫展。他首先准备研究 CPA(中国邮政小包)运费模板。

【所需准备】

　　1. 完成发布的前期相关工作;

　　2. 设计好产品的详情页;

　　3. 计算好产品的运费减免率。

【操作技巧】

　　1. 新增运费模板。

　　设置运费模板有两种方法,第一种方法是先打开后台的"产品管理",选择"模板管理"中的"运费模板",如图 1-51 所示,点击"新增运费模板"后输入运费模板名称。

图 1-51

　　第二种方法是在产品上传过程中,在"物流设置"一栏去设置运费模板,如图 1-52 所示。

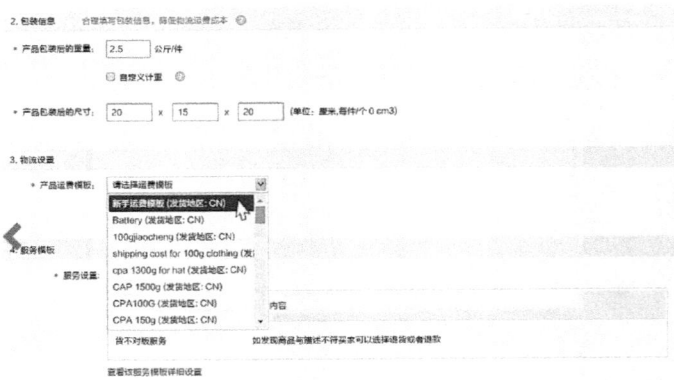

图 1-52

推荐使用方法一,方法二是在产品上传过程中设置运费模板,在上传界面停留太久,页面容易卡住,带来不便。

2. 编辑 CPA 运费模板。

设定一个运费模板需要设置 CPA、EMS、DHL 这三种方式,这三种方式包含了小包、快递类方式,买家选择的余地比较多,在填标准运费减免时,减免率填20%,也就是打八折。我们先来编辑 CPA 运费模板。

一款商品包装后重量为 1.5kg,China Post Registered Air Mail:1—5 区免运费,6—9 区按标准运费计算并给出正确的运费折扣,10 区不发货。

新增运费模板,如图 1-53 所示,在运费模板名称里面填写"CPA 1500g"之后点击保存。先选择对应的物流方式,再进行自定义运费设置。

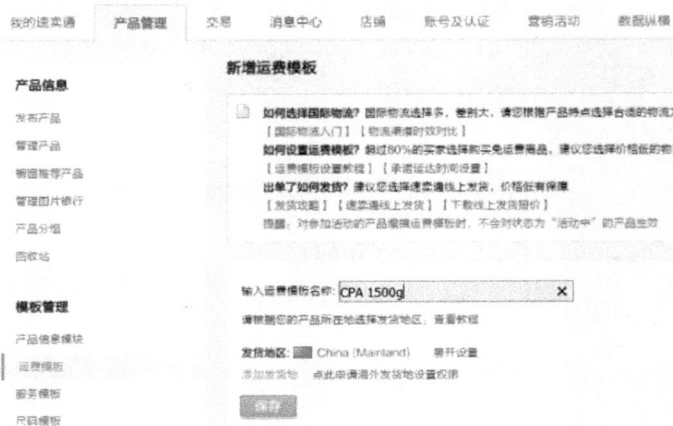

图 1-53

3. 设置中邮小包的自定义运费模板。

选择 China Post Registered Air Mail,进行自定义运费设置,如图 1-54 所示。

图 1-54

首先是 1—5 区免运费设置,选择 1—5 区后,在运费类型处选择卖家承担运费,如图 1-55 所示。

图 1-55

6—9 区运费设置时要设置成标准运费并给予正确的运费折扣,因此这部分是运费模板中最为复杂的地方,尤其是折扣率的计算。我们以 6 区标准运费模板设置为例,添加运费组合,选择 6 区,在发货类型设置运费类型处选择标准运费,计算运费减免率时,根据前面第二步的相关公示,该商品 1500g,前 5 区包邮,前 5 区的邮费应该为 143.75 元;6 区邮费应该为 165.5 元;六区标准运费减免=(前五区邮费÷六区邮费)×100%=87%。

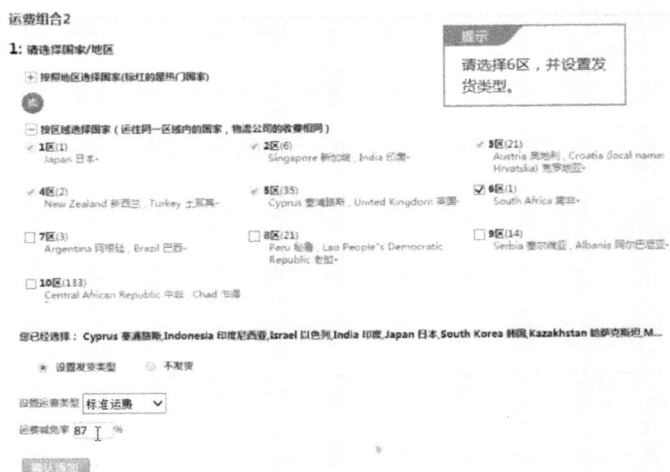

图 1-56

同样的方法,计算出 7 区运费减免率为 83%,8 区运费减免率为 76%,9 区运费减免率为 63%,10 区不发货的设置方法如前文。最后点击保存,这样 CPA 物流方式的运费模板就设置完成了。

【相关链接】

1. 速卖通平台常用的三大物流方式:邮政物流、商业快递和专线物流,邮政物流包括邮政小包和 EMS,商业快递包含 TNT、UPS、FedEx、DHL,专线物流是指运往某个国家的物流,如俄罗斯专线。还有一种物流方式就是海外仓,就是在产品销售国设立仓库,能够节省消费者的等待时间。

2. 海外仓的设置流程:

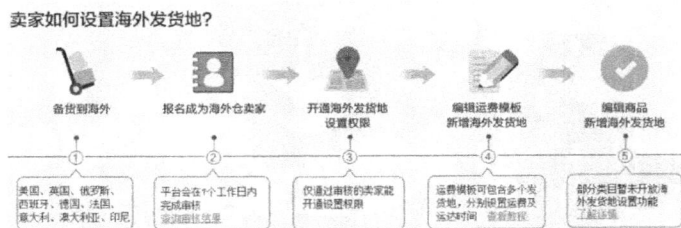

图 1-57

问题 19：如何编辑 EMS 运费模板？

【问题背景】

CPA 模板设置好之后,刘靖准备开始设置 EMS 运费模板。国际 EMS 是各个国家或地区的邮政合办的一项特殊邮政业务,因而在海关和航空等部门享有优先处理权,清关能力强,妥投时效快、无须加收燃油附加费。

【所需准备】

1. 完成发布的前期相关工作;

2. 设计好产品的详情页;

3. 计算好产品的运费减免率。

【操作技巧】

1. EMS 发货要求设置。

在填标准运费减免时,减免率填 20%,也就是打八折。一款商品包装后重量为 1.5kg,EMS:1—8 区国家按照标准运费的五折收取运费,9 区不发货。

2. 1—8 区 EMS 运费模板设置。

如图 1-58 所示,先选择 1—8 区,再选择发货类型,运费类型选择标准运费,运费减免率填写 50%,最后点击确认添加。

图 1-58

3. 9 区 EMS 运费模板设置。

如图 1-59 所示,点击添加一个运费组合,在运费组合 2 中选择 9 区并选择不发货。

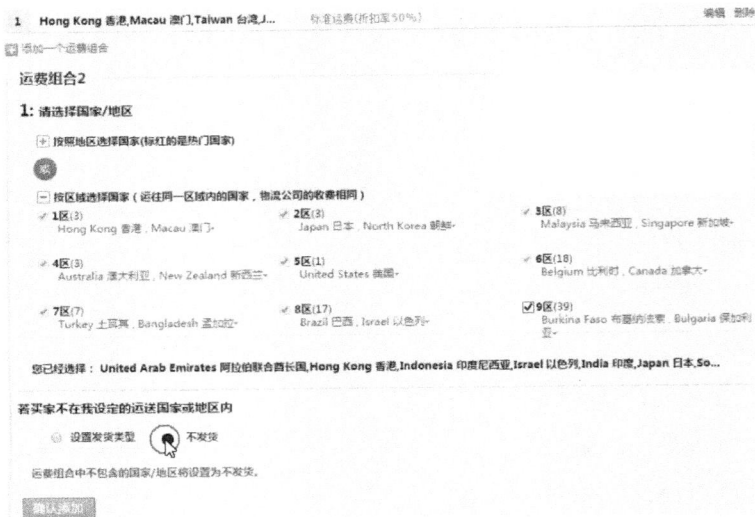

图 1-59

4. 点击保存,这样 EMS 运费模板就设置成功了。

【相关链接】

国际 EMS(国际及港澳台特快专递)是中国邮政速递物流股份有限公司与各国(地区)邮政合作开办的中国大陆和其他国家、港澳台间寄递特快专递邮件的一项服务,可为用户快速传递国际各类文件资料和物品,同时提供多种形式的邮件跟踪查询服务。该业务与各国(地区)邮政、海关、航空等部门紧密合作,打通绿色便利邮寄通道。此外,邮政速递物流还提供代客包装、代客报关等一系列综合延伸服务。国际 EMS 的优势是时效快,全程提供物流信息,劣势是价格较贵,适合高货值、重量高的产品。

问题 20：如何编辑 DHL 运费模板？

【问题背景】

CPA 模板设置好之后，刘靖准备开始设置 DHL 运费模板。DHL Express 线上发货是中外运敦豪与全球速卖通平台联手推出的优质物流服务，卖家在接到订单后，可以使用"DHL Express"线上发货服务。只需在线填写发货预报，并将货物发至阿里巴巴合作物流仓库，并在线支付运费，仓库就能将货物送达买家手中。

【所需准备】

1. 完成发布的前期相关工作；
2. 设计好产品的详情页；
3. 计算好产品的运费减免率。

【操作技巧】

1. DHL 发货要求设置。

在填标准运费减免时，减免率填 20％，也就是打八折。一款商品包装后重量为 1.5kg，DHL：1—9 区国家按照标准运费的 5.5 折收取运费。

2. 运费模板设置。

因为 DHL1—9 区国家按照标准运费的 5.5 折收取运费，设置标准运费减免 45％，并保存，这样就完成 1.5kg 商品的运费模板设置了。

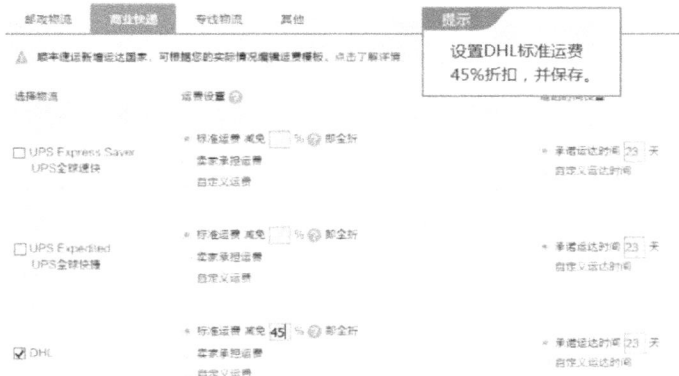

图 1-60

【相关链接】

商业快递如 DHL、Fedex、UPS,优势是时效快,范围广,清关能力强,门到门服务好,劣势是价格贵,适用产品为高货值、高质量的产品。

问题 21：如何上架产品？

【问题背景】

刘靖的公司最近刚出了两款童鞋,为了尽快占领市场,需要抓紧时间将产品上传到速卖通平台。通过前面一系列的操作,刘靖准备开始完整上架一款产品。

【所需准备】

1. 完成产品发布的前期相关工作;
2. 设置好产品运费模板。

【操作技巧】

1. 选择产品类目。

刘靖进入速卖通平台的后台点击"发布产品",首先要选择类目,他根据公司新款童鞋的实际情况(图 1-61),选择产品类目中的孕婴童—童鞋—儿童平底鞋,点击"我已阅读以下规则,现在发布产品"(图 1-62)。

图 1-61

图 1-62

2. 填写发布产品所需内容。

选择好了产品类目，进入填写产品信息界面，总共要填五大项内容：

第一项是产品基本信息，根据这款童鞋的基本情况，首先填写产品属性，如品牌、帮面材质、闭合方式、平跟鞋类型、鞋底材质、流行元素、性别等，点击提交（图 1-63）。如果有其他属性需要补充，可以添加自定义属性。

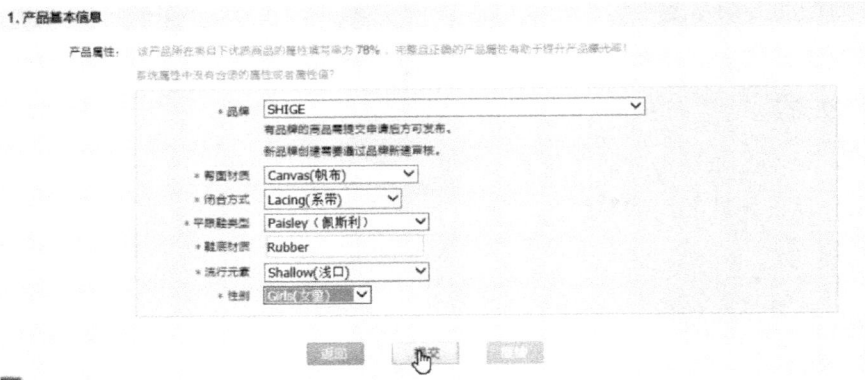

图 1-63

接着是产品标题和产品图片，标题是有字数限制的，最多只能填写 128 个字符，要在没有违规的前提下吸引客户。刘靖将此款童鞋命名为 2017 Spring Canvas Children Shoes for Girls Fashion Kids Sneakers Lacing Denim Kids Shoes Jeans Low Flat Casual Shoes。

产品图片最多只能上传 6 张，平台对图片的要求都有说明，如 JPEG 格式，大小在 5M 以内，等等。根据该款童鞋的实际需要，刘靖上传了产品主图、斜放细节图、单只细节图、鞋底细节图、内容细节图和鞋带细节图，如图 1-64 所示。

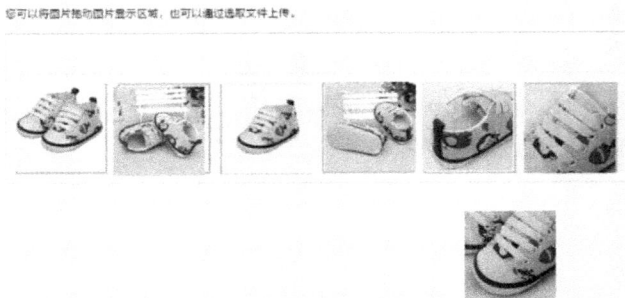

图 1-64

如图 1-65 所示,最小计量单位就是产品的起始售卖量,此处选择双(pair),销售方式选择按双(pair)出售。因为只有一种颜色,因此选择浅黄色。鞋子美国尺寸选择 5.5、6.5、7、8.5。零售价就是网站上看到的价格,在"问题 15"中我们详细介绍了价格计算方法,该款童鞋售价为 11.43 美元每双。库存处不仅要写库存数量,还要确定库存扣减方式。发货期填写 3 天。商品编码填写 CCS15984482。现在很多店铺都会拍摄视频,上传到平台中,供买家体验。

图 1-65

产品详情页描述是内容比较多的部分,包含产品功能属性、产品细节图片、支付及物流方式等,本书在"问题 16"中已经给大家做了详细的介绍。此处需要点击图片将产品详情页补充完整。如添加产品尺码表、产品细节图片、支付方式、物流方式、退货条件、反馈信息等等。

第二项是包装信息,包括产品包装后的重量和尺寸,用来核算物流运费。该款童鞋包装后的重量为 0.3 公斤每件,单个商品体积为 20 厘米×18 厘米×15 厘米。

第三项是物流设置,既可以选择合适的运费模板,如刘靖选择了之前设置好的中邮小包 300g 运费模板,如图 1-66 所示,当然也可以在这里新建运费模板。

第四项是服务模板,可根据具体情况选择合适的服务模板,包括发货物流、运输时间、付款方式、退货方式、反馈奖励等等。刘靖选择了服务模板 Service1,即货不对版服务,服务的内容是如买家发现商品与描述不符可以选择退货或者退款(图 1-67)。事实上这是展示卖家实力的最佳营销位置,可以在此处加上公司办公图、工厂生产图、仓库发货图、权威认证证书图、产品包装细节图等,这样能够提升买家对产品的信任感,使自身比其他卖家更加具有优势,从而提升转化率。

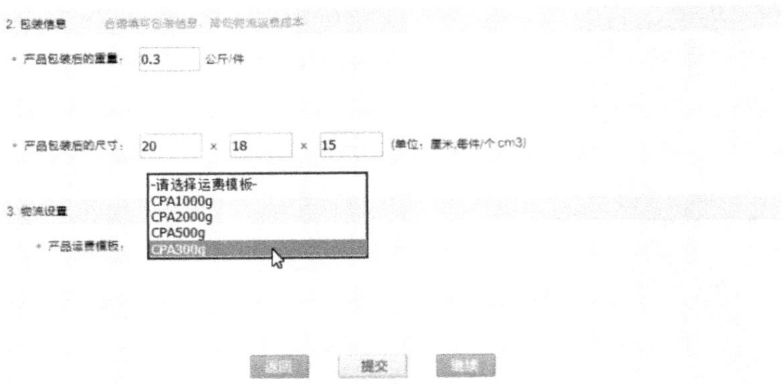

图 1-66

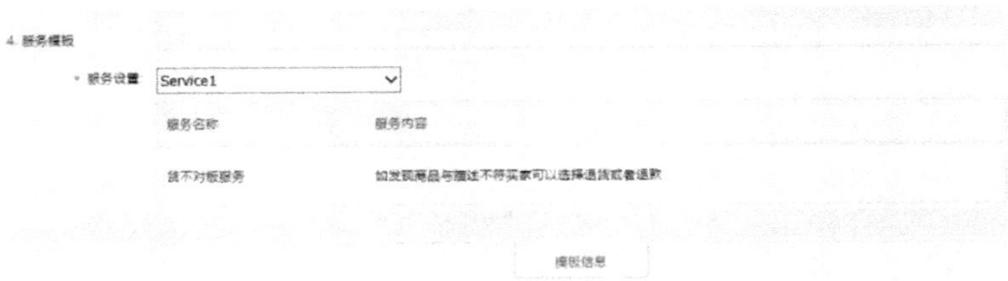

图 1-67

第五项是其他信息,给该款童鞋分组为 Girls shoes,产品有效期选择 30 天,支持支付宝支付,并勾选产品发布条款,如图 1-68 所示。

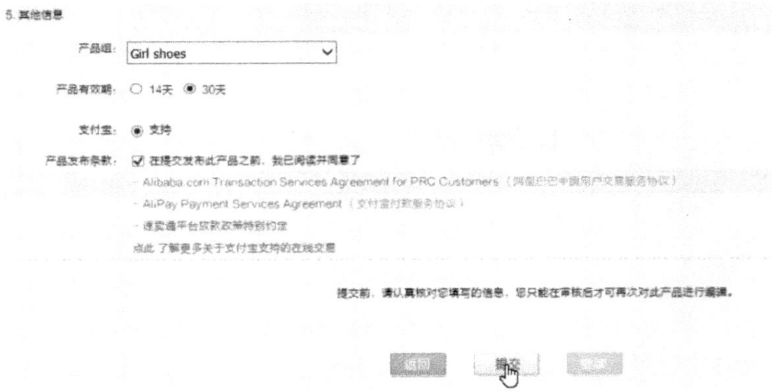

图 1-68

3. 确认上架。

商品信息提交成功后,速卖通工作人员会对商品信息进行审核,如果符合阿里巴巴信息发布规则的要求,则所发布的商品会在一个工作日内审核完成。

【相关链接】

速卖通大学"商品能力之商品发布"课程:

https://university. aliexpress. com/course/detail. htm? spm ＝ a2g1d. 9191980. 0. 0. 1149567bPQvk40＆code＝AE5729。

问题 22：如何操作线上发货？

【问题背景】

店铺的各项信息完善好之后，刘靖接到了第一个订单，他非常兴奋但是很快就产生疑惑了，如何在"速卖通"上进行发货操作呢？卖家使用"线上发货"可直接在速卖通后台在线选择物流方案，物流商会上门揽收（或卖家自寄货物至物流商仓库），然后发货到国外。那么，速卖通线上发货流程是怎样的？

【所需准备】

完成店铺产品上架，接到订单。

【操作技巧】

1. 选择"线上发货"。

点击速卖通后台的"交易"—"管理订单"—"所有订单"，如图 1-69 所示，在"等待您发货"这里可以看到所有未发货的订单，每个产品对应有两个按钮"填写发货通知"和"线上发货"。线下发货直接点击"填写发货通知"，填写运单号发货；点击"线上发货"，可以进入订单详情页。

图 1-69

2. 选择"物流方案"。

在订单详情页再次点击"线上发货"，即可选择物流方案。我们需要选择一个物流服务。如图 1-70 所示,提示说 E 特快、DPEX、顺丰国际经济小包不能送达美国,在选择物流方案时无法选择。我们选择 AliExpress 无忧物流,点击"下一步,创建物流订单"。

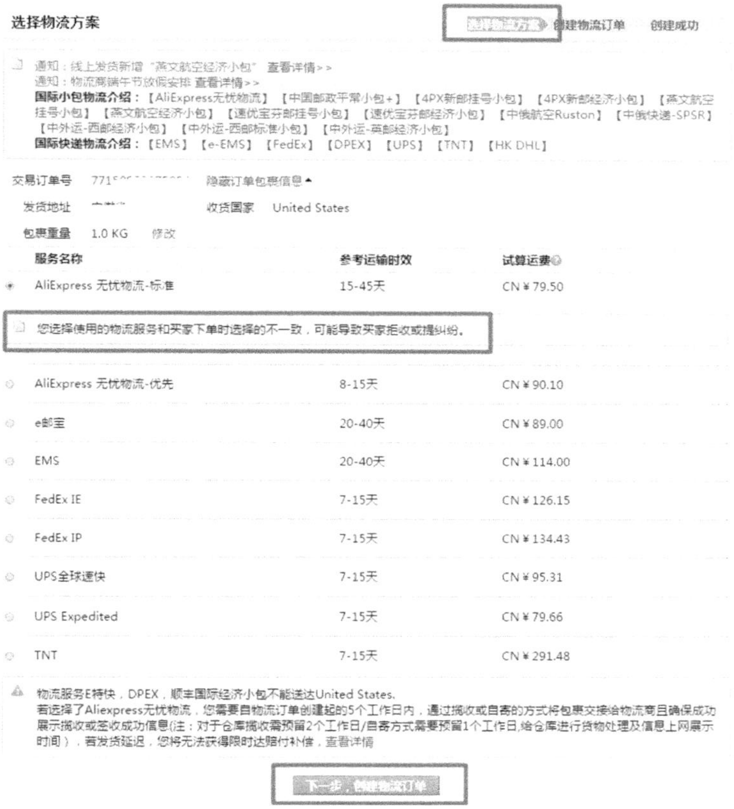

图 1-70

3. 创建物流订单。

选择创建物流订单后,会出现以下界面,如图 1-71 所示。如果需要修改买家收件信息,可以点击"修改收件信息",然后编辑收件信息。

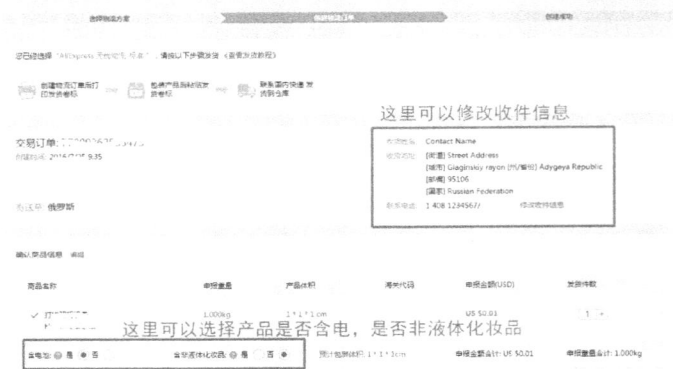

图 1-71

　　如果发件地址在物流商揽收范围内,系统会自动配置对应的仓库。如果所在的地址没有推荐的揽收仓,系统会提示"自寄至指定中转仓库",如图 1-72 所示。

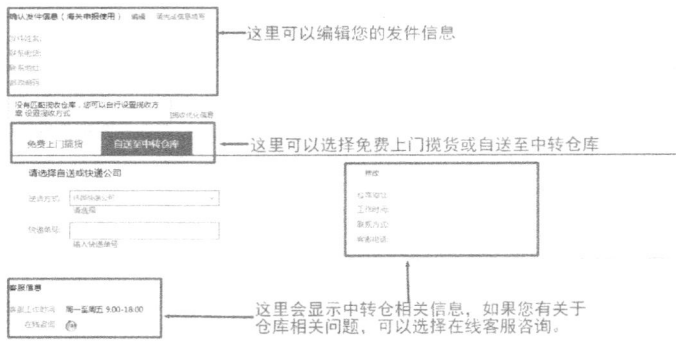

图 1-72

　　如果依旧选择"免费上门揽收",可以点击"申请仓库上门揽收"。申请揽收仓库的,请务必先与仓库沟通能否上门揽收,以免仓库拒单,如图 1-73 所示。

图 1-73

4. 查看国际物流单号,打印发货标签。

在物流订单创建完毕之后,会出现如图 1-74 所示页面,提示"成功创建物流订单"。点击"物流订单详情"链接,即可看到生成的国际物流单号,打印发货标签。

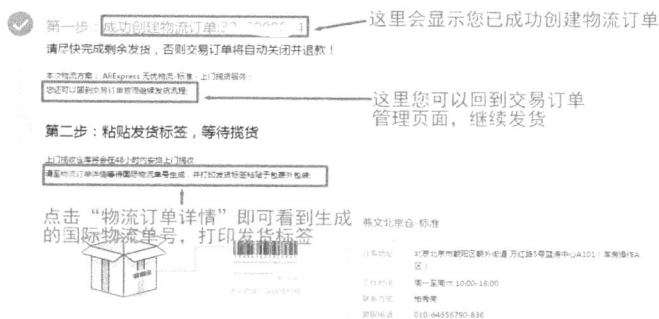

图 1-74

5. 填写发货通知。

物流订单创建成功后,系统会生成运单号给卖家,卖家在完成打包发货,交付物流商之后,即可填写发货通知。

图 1-75

【相关链接】

速卖通线上发货介绍:

https://sell. aliexpress. com/zh/_pc/K4ZDx8ih1m. htm。

问题 23：如何使用关联营销提高购买率？

【问题背景】

刘靖上架好了大部分商品，同时也在观测店铺的各项运营数据。刘靖发现了这样一个问题，很多买家看了几款产品发现没有中意的之后就会离开店铺，导致店铺的访问深度不高，下单人数不多。他求助于从事跨境电商运营多年的朋友赵军，赵军建议他尝试使用关联模板，引导买家多浏览页面以提升浏览量。

【所需准备】

完成店铺产品上架。

【操作技巧】

1. 选择关联模板类型。

进入店铺后台，打开"管理产品"—"模板管理"—"产品信息模块"。

图 1-76

点击"新建模块"后系统会要求我们选择新建哪种模块，如图 1-77 所示。如果选择"关联产品模块"，那就默认是最传统的模板。很多新卖家都使用传统关联模板，但是传统模板有很多局限性，不能发挥自己的创意去设计模板。而选择"自定义模板"就可以根据自己的要求来设计。

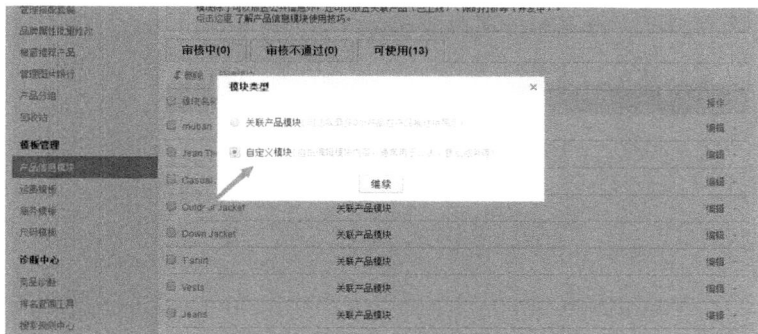

图 1-77

2. 新建自定义模板。

自定义模板其实并不需要懂代码才可以做,只要学会两个简单的技巧就可以设计出符合店铺特色的个性化的模板。如图 1-78 所示,左框代表插入超链接功能,右框代表上传图片功能,灵活运用这两个功能就可以随心所欲地设计关联模板了。

图 1-78

首先将所需要的关联产品的图片素材整理好,再利用图片上传功能将图片上传到模板里面去,如图 1-79 所示。注意每一幅图片的宽度,尽量做到布局整齐有序不杂乱。虽然模板设计好了,但是还不能点击,因为加上去的都是图片,还需要给每张图片加上超链接,这样买家点击图片后就能看到产品信息。

图 1-79

全部设置好后点击"保存模板"就可以了,效果如图 1-80 所示。

图 1-80

3. 巧用关联营销提升访问深度。

通过第 2 步我们知道了如何设计个性化的关联模板,接下来我们看看如何在此基础上提高访问深度,即让买家多点击从而增加浏览量。除了在图片上加上按钮让买家知道点击之外,还可以加上促销素材吸引点击,通过这些因素美化后的关联模板又呈现出另外一番效果,如图 1-81 所示。

图 1-81

　　图 1-81 是不是更加有吸引力呢?加上促销因素和购买按钮之后,买家就有了点进去看看的欲望。这里我们只是简单加了一些素材,如果多花些时间去研究,肯定可以让关联模板更加有吸引力。

【相关链接】

　　速卖通大学"关联营销"课程:

　　https://university. aliexpress. com/course/detail. htm? spm = a2g1d. 9191980. 0. 0. 5923567bcCtPHg&code＝AE5700。

问题 24：如何使用店小宝做关联营销？

【问题背景】

刘靖的店铺里上架了将近 100 种商品,他发现要给每种商品都做关联模板,是一件非常费时间的事情,速卖通详情页不支持源代码编辑,有的时候做的关联模板到手机端一看存在错位的问题,他想知道有没有什么办法可以轻松做关联。

【所需准备】

完成店铺产品上架。

【操作技巧】

1. 选择关联营销软件。

刘靖听朋友说店小宝是一款兼容、简单、灵活、智能的速卖通关联营销软件,他立即登录该网站去一探究竟。原来这是一款功能强大的软件,可以快速做详情关联营销,兼容 PC、无线不错位,可以提供多种精美优质模板,可以灵活地自定义模板,支持多种关联的内容,如商品推荐、优惠券、广告图的随意组合投放等。刘靖已经迫不及待用店小宝去做关联营销了。

图 1-82

2. 选择关联模板。

用速卖通账号登录店小宝,就可以选择关联模板了,如图 1-83 所示。

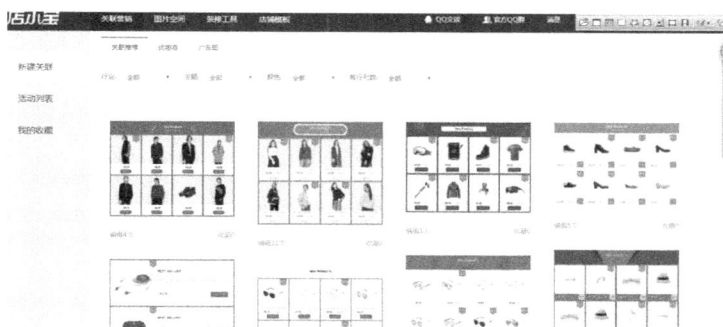

图 1-83

3. 添加商品。

选择好关联模板之后,就可以添加商品素材了,如图 1-84 所示。

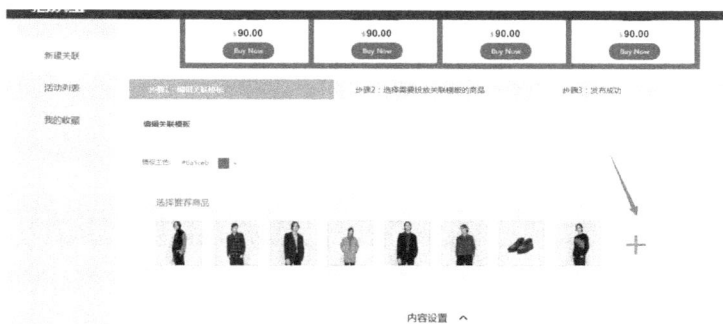

图 1-84

4. 选择相应的商品。

选择需要投放到关联模板中的商品,如图 1-85 所示。

图 1-85

5. 调整关联模块展示属性。

可以调整关联模块展示属性，如模块的高度、主标题、副标题、背景颜色值或者图片地址、主标题和副标题的位置等，如图 1-86 所示，预览后没有问题可以点击保存。

图 1-86

6. 选择所需要的产品进行投放。

勾选需要关联的产品，点击"确定投放"，如图 1-87 所示。

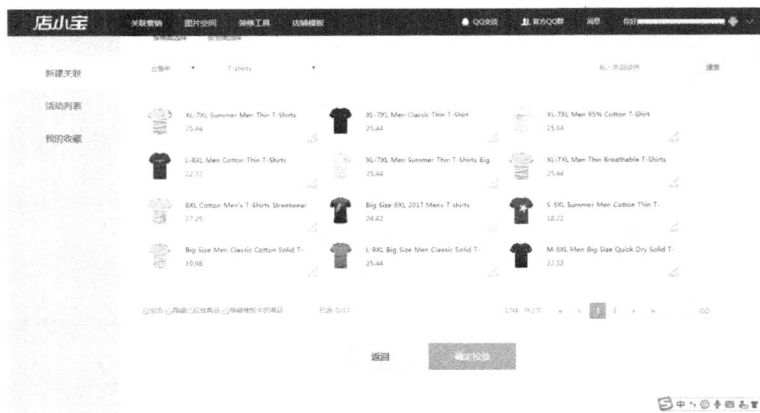

图 1-87

最后呈现的效果，如图 1-88 所示。

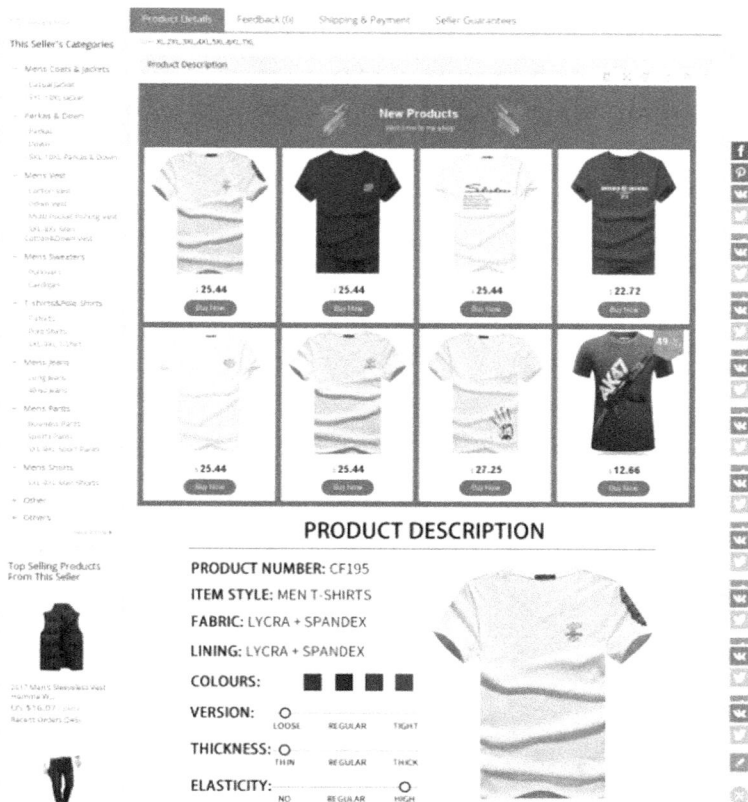

图 1-88

【相关链接】

店小宝官网：

http://www.dianxiaobao.net/。

问题 25：如何使用自主营销工具——全店铺打折？

【问题背景】

短短时间,刘靖上传了多款产品,由于是新开店铺,人气并不是很旺,曝光量不尽如人意。刘靖得想点办法给产品做点活动,吸引客户了。通过研究,刘靖发现速卖通的营销活动中有一款叫作"全店铺打折"的自主营销工具。全店铺打折是店铺自主营销的"四大利器"之首,尤其是对于新店铺来说,作用更为明显。它可以根据不同类目商品的利润率,对全店铺的商品通过分组设置不同的促销折扣,以吸引更多流量,刺激买家下单,累积客户和销量。

【所需准备】

完成店铺产品上架。

【操作技巧】

1. 选择自主营销工具。

首先,登录"我的速卖通",进入"营销中心",选择"营销活动"—"店铺活动"—"全店铺打折",开始创建全店铺打折活动。

图 1-89

如图 1-89 所示,全店铺打折活动每个月活动数为 20 个,时长 720 小时,我们每个月都要把这些资源用完,不要浪费了这么好的给产品吸引流量的工具。

2. 营销分组设置。

在创建活动之前我们要先把营销分组设置好,这便于我们后期高效管理折扣产品。如图 1-90 所示,在营销分组里面可以新建分组,还可以点击查看组内产品,给产品分组取名都是以折扣来命名,这样就可以知道这个分组里面的产品折扣是多少,在后期就方便营销分组,也方便控制全店铺折扣。

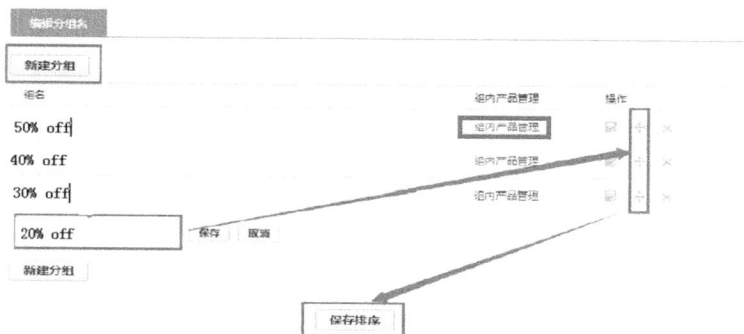

图 1-90

3. 添加产品。

点击"组内产品管理"给这个分组添加产品,通过点击顶部的按钮来向营销分组内添加或者移除产品,同时可以批量勾选一部分产品后,将这些产品所述的营销分组进行调整(图 1-91)。如果产品过多可以从四个小分类来精准定位产品选入分组:通过产品名称或者产品 ID 查找;按照产品分组查找;按照产品负责人查找;按照到期时间查找。搜索维度设置好后点击搜索,找到自己想要设置活动的产品,把该产品前面的选框选中,点击确认(图 1-92)。

4. 创建活动。

营销分组设置好后就可以开始创建活动了,如图 1-93 所示,填写好活动基本信息后根据分组设置不同折扣,由于在给营销分组取名的时候已经是按折扣命名的,所以 50% 折扣分组里面的产品就是可以最高打 50% 的产品,所以在后面填写好折扣即可,最下面一个 Other 分组里面的产品是没有被分组的,我们将它默认为 9 折,无限折扣率折扣至少要比全站折扣率低 1 个百分点,这样全店铺打折活动就设置好了。

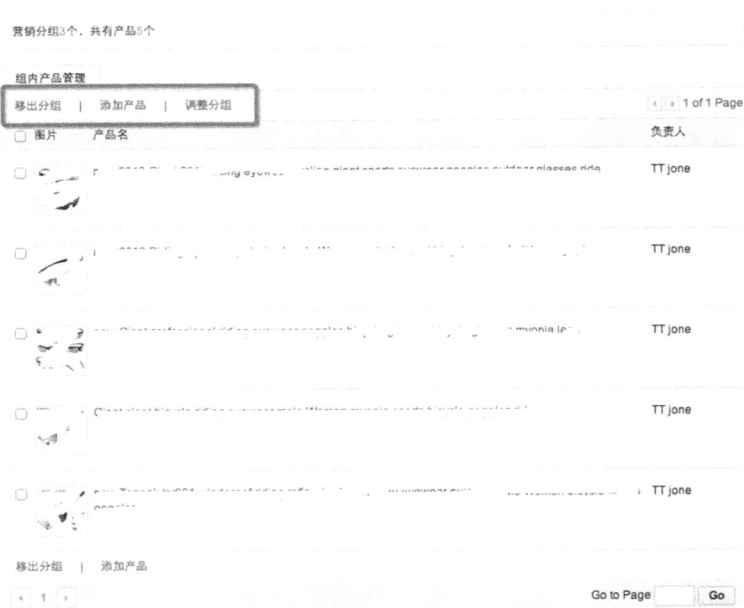

图 1-91

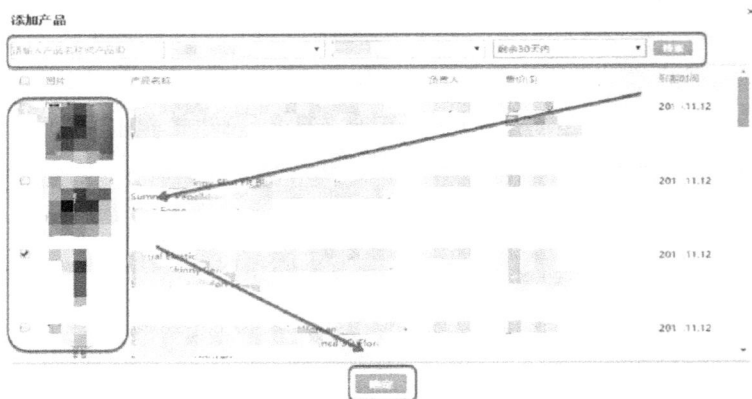

图 1-92

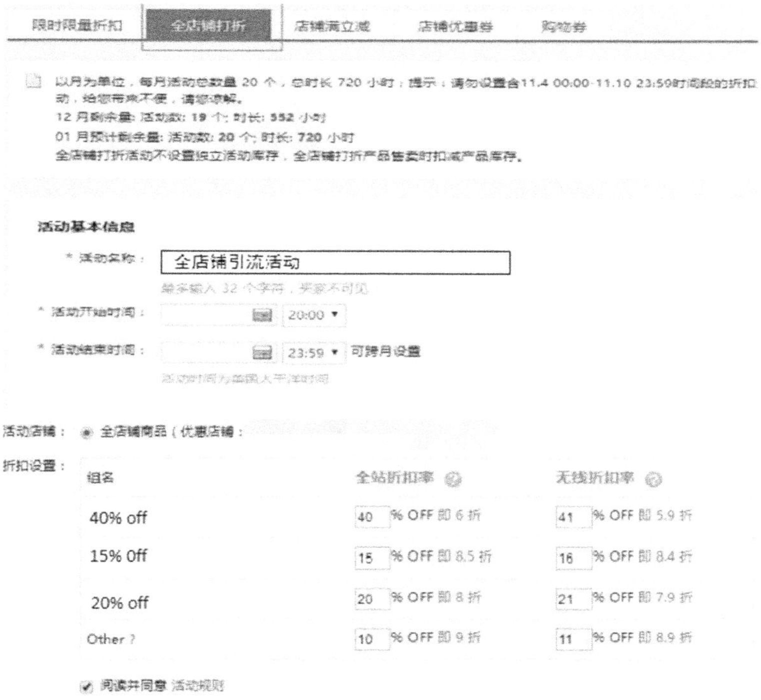

图 1-93

【相关链接】

"全店铺打折"课程视频：

https://university. aliexpress. com/course/detail. htm？ spm ＝ a2g1d. 9191980. 0. 0. 7525567b6JUmXe＆code＝AE5695。

问题 26：如何使用自主营销工具——限时限量折扣？

【问题背景】

在设置全店铺折扣时，刘靖想看看有没有其他的营销工具比"全店铺打折"优先级更高，通过研究他发现速卖通有款自主营销工具叫"限时限量折扣"，通过限制时间和数量的营销工具，可以自由选择某款产品做活动，如此能够调动顾客购买产品的欲望，获得额外的曝光。

【所需准备】

完成店铺产品上架。

【操作技巧】

1. 选择自主营销工具。

首先，登录"我的速卖通"，进入"营销中心"，选择"营销活动"—"店铺活动"—"限时限量折扣"，开始创建限时限量折扣活动，如图 1-94 所示。

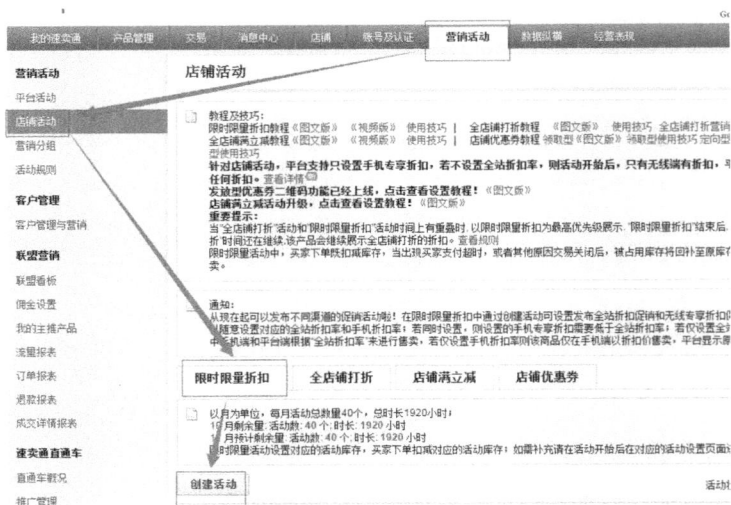

图 1-94

2. 创建活动。

点击"创建活动"按钮进入创建店铺活动页面。我们可以给活动取个名字叫

"yy",活动开始时间为美国太平洋时间(美国太平洋时间比北京时间慢 15 个小时)。打折商品 12 小时后展示给买家,要提前 12 小时创建好活动,如图 1-95 所示。

图 1-95

3. 添加商品。

上述信息填好后,就可以点击"添加商品"按钮,选择参与活动的商品,每个活动最多只能选择 40 个商品,总时长 1920 小时,如图 1-96 所示。对于需要参与活动的商品,请在商品左边进行勾选,然后点击"确定"。

图 1-96

不能同时报名参加和当前活动优先级一致的活动。如限时限量活动和平台活动优先级一致,则无法同时参加有时间冲突的限时限量活动和平台活动且会在"时间冲突的活动"这一栏中展示有冲突的活动,如图 1-97 所示(该产品已在参与有时间冲突的另一限时限量活动,所以无法再参与该活动并在"时间冲突的活动"这栏提示出对应的冲突活动)。

图 1-97

4. 设置活动折扣和数量。

可批量设置产品折扣,也可单独设置。还可单独设置手机专享折扣,手机专享折扣可以给移动端的买家看到折上折专享优惠,从而提升移动端的订单量。

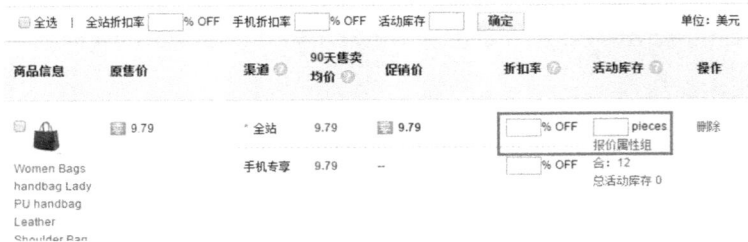

图 1-98

5. 修改部分信息。

点击确定后即完成了设置,活动处于"未开始"状态,此时可以进行修改活动时间、增加和减少活动商品等操作。活动开始前的 6 小时将进入审核状态,活动状态将变成"等待展示",活动开始后将处于"展示中"状态。"等待展示"和"展示中"的活动产品处于半锁定状态,活动也不可停止。

【相关链接】

"10 分钟学会设置限时限量折扣"课程视频:

http://www.sellergrowth.com/videos/video_charge_detail/407/。

问题 27：如何使用自主营销工具——满立减？

【问题背景】

刘靖想起平时他去实体店也有过类似的经历,比如买衣服,满 399 减 50 元,本来准备买个 300 元的东西,被这个活动吸引后,很可能就会想办法把消费金额提高到 399 元,甚至超过 399 元。通过研究,刘靖发现还可以通过店铺满立减工具来开展营销活动,他认为满立减工具不仅可以刺激买家买,还可以刺激买家多买,提升订单量和销售额。

【所需准备】

完成店铺产品上架。

【操作技巧】

1. 选择自主营销工具。

登录"我的速卖通"—点击"营销中心"—在"店铺活动"中选择"店铺满立减"—点击"创建活动"—在"活动类型"中选择"商品满立减"。店铺满立减活动每个月数量为 10 个,总时长为 720 小时,活动资源很少,应该充分利用。

图 1-99

2. 创建活动。

填写满立减活动的基本信息。如图 1-100 所示,在"活动名称"一栏内填写对应的活动名称,填"测试活动";在"活动开始时间"和"活动结束时间"内分别设置活动对应的开始时间及结束时间;同一个时间内(从活动开始时间到活动结束时间)只能设置一个满立减活动(含全店铺满立减、商品满立减)。

图 1-100

3. 设置类型。

选择"商品满立减",即为部分商品设置满立减活动;订单金额包含商品价格(不包含运费),限时折扣商品按折后价参与。

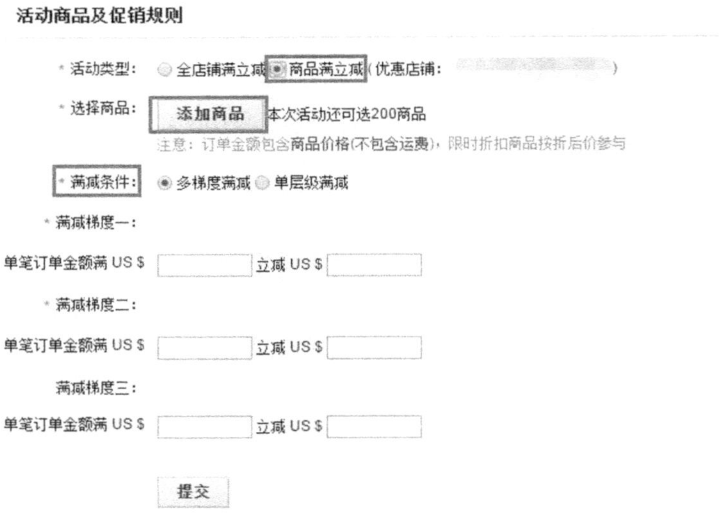

图 1-101

4. 选择商品。

针对"商品满立减"活动,需要"添加商品",每次活动最多可以选择200种商品,界面如图1-102所示。目前可以支持通过产品名称、产品分组、产品负责人、到期时间搜索对应的产品;选择产品后,产品数会在选择栏的右下角进行展示。

图 1-102

5. 设置"满减条件"。

目前的满减条件支持类型"单层级满减"和"多梯度满减"。在设置满减条件时,我们首先要知道自己店铺的客单价是多少,不要盲目地设置。如果我们店铺的客单价是 3.65 美元,我们设置了一个满 200 减 10 的活动,那这个活动根本不可能带来什么效果,无法刺激买家更多的消费欲望。一般而言,我们在客单价的基础上提升 3—5 倍,优惠 10%—20% 就比较容易吸引买家了。我们设置 3.65 的 3 倍算 11 美元,在 11 美元基础上减去 10%,算 1 美元,那活动设置为满 11 减 1 美元。

满减指的是同一优惠比例的满减活动,可以支持优惠可累加功能。选择"单层级满减",需要设置单笔订单金额条件以及立减条件(图 1-103),该类型的满减可以支持优惠可累加的功能(即:当促销规则为满 100 减 10 时,则满 200 减 20,依此类推,上不封顶)。

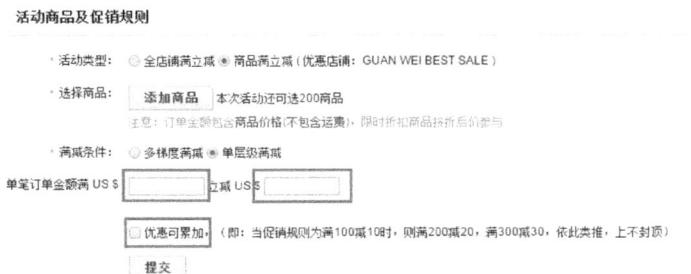

图 1-103

　　"多梯度满减"指的是：不同优惠比例的阶段性满减活动，即设置时需要满足以下 2 个要求：一是后一梯度的订单金额必须大于前一梯度的订单金额，二是后一梯度的优惠力度必须大于前一梯度。选择"多梯度满减"，需要至少设置 2 梯度的满立减优惠条件，最多可以设置 3 梯度的满立减优惠条件，界面如图 1-104 所示。举例说明：满减梯度一设置为：满 100 美元立减 10 美元（即 9 折）；则满减梯度二设置的单笔订单金额必须大于 100 美元，假设设置为 200 美元时，则设置对应的立减金额必须大于等于 21 美金（即最大为 8.95 折），最后确认点击"提交"按钮。

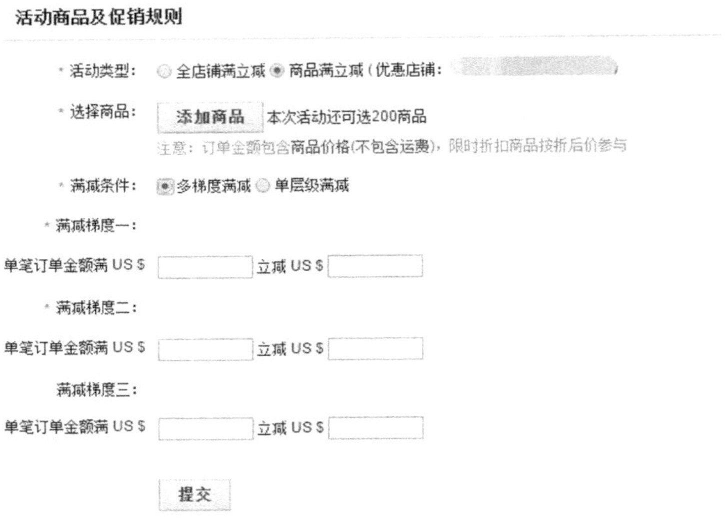

图 1-104

【相关链接】

　　"店铺活动之满立减"课程视频：

　　https://university. aliexpress. com/course/detail. htm？ spm ＝ a2g1d. 9191980. 0. 0. 7525567b6JUmXe&code＝AE5697。

问题 28：如何使用自主营销工具——优惠券？

【问题背景】

优惠券在生活中随处可见,刘靖去酒店吃饭、商场购物时都会收到商家赠送的优惠券。如果优惠券上面有使用期限而不去使用的话,会产生浪费了或者吃亏了的感觉。刘靖想这种心理对于在速卖通购物的消费者而言同样存在,他想设置对所有产品都适用的优惠券,且只能在他自己的店铺里使用,并设置店铺优惠券有效期,使消费者产生一种不使用就浪费了的感觉,进而提升店铺的转化率,进一步维护与老客户的关系。

【所需准备】

完成店铺产品上架,开通店铺。

【操作技巧】

1. 选择自主营销工具。

登录"我的速卖通"—点击"营销中心"—在"店铺活动"中选择"店铺优惠券"。

图 1-105

图 1-106 是设置店铺优惠券界面,每个月可以设置的领取型优惠券活动数量为 10 个,定向发放型优惠券活动数量为 20 个,金币兑换优惠券活动为 10 个。优惠券和满立减活动一样,需要根据客单价来设置优惠条件。比如我们店铺的

客单价是 10 美元,就可以设置购物满 30 美元优惠 2 美元。

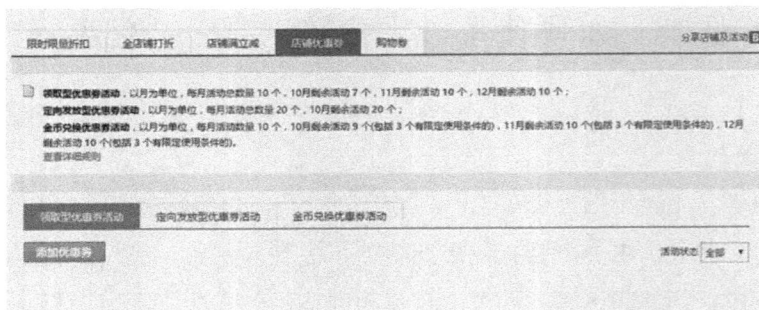

图 1-106

2. 设置领取型优惠券。

点击"添加优惠券"就可以开始设置活动条件。如图 1-107 所示,活动名称因为只能是英文,填写"30 off 2",即满 30 美元优惠 2 美元,活动时间设置为 10 天。优惠券领取规则设置中面额设置为 2 美元,每人限领 1 张,发放总数量设置为 200 张。设置使用规则时注意不要随意设置不限使用条件,尤其是利润不太高的店铺。可以设置满 30 美元的时候才可以使用优惠券,有效期设置为从领取优惠券开始的 7 天,太短的话买家来不及使用,太长买家没有紧迫感,容易忘记。填写完整,并检查无误后点击"确认创建",优惠券设置后在活动未开始之前都可以修改。

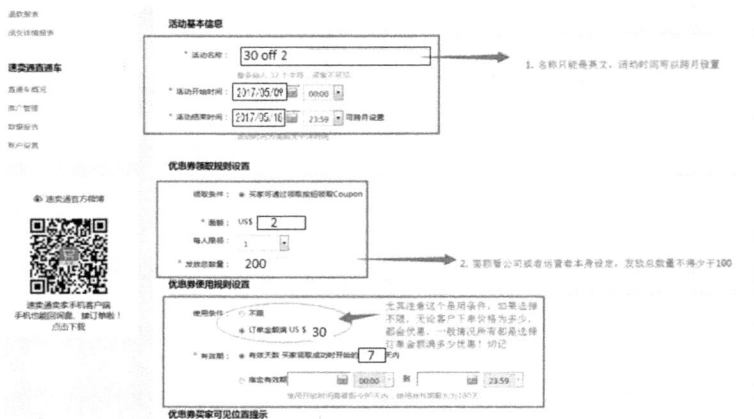

图 1-107

3. 设置定向发放型优惠券。

我们再来添加一张定向发放型优惠券。登录"我的速卖通"—点击"营销中心"—在"店铺活动"中选择"店铺优惠券"—点击"定向发放型优惠券活动"—点击"添加优惠券",设置活动详情,如图1-108所示。发放方式可以选择客户线上发放和二维码发放,线上发放的各项内容设置和前文介绍的领取型优惠券一样,填写完后点击"确认创建"即可。

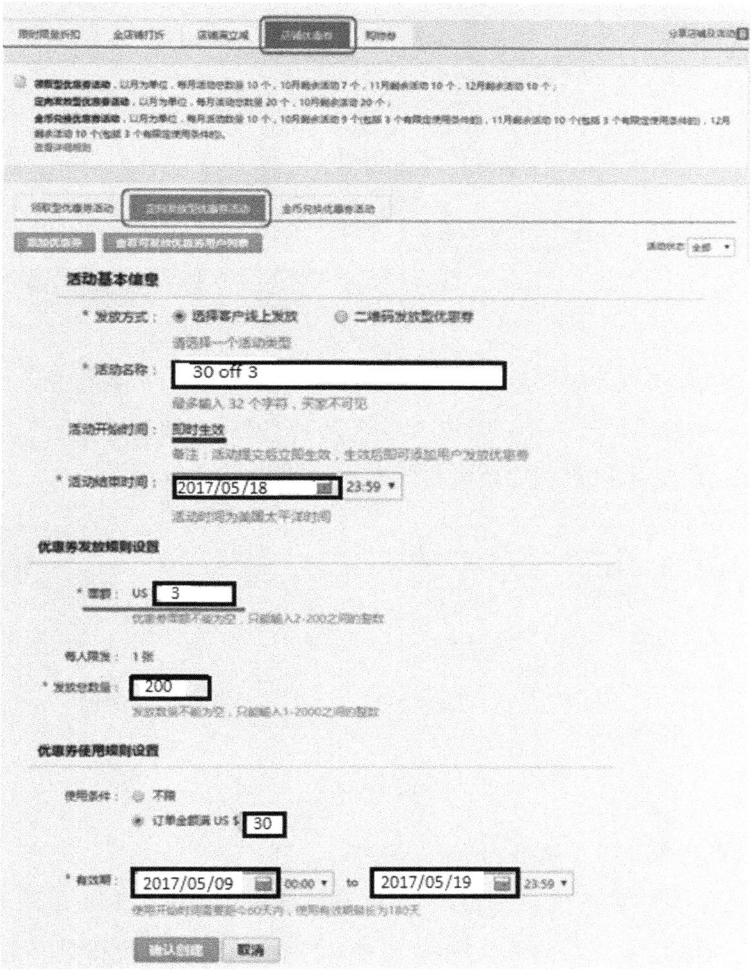

图 1-108

系统会再次与卖家确认是否要确定创建,如图1-109所示。确认活动发布后,活动的信息就不可以更改了。确认无误后点击"确认创建"就可以给用户列表的买家发放优惠券了。

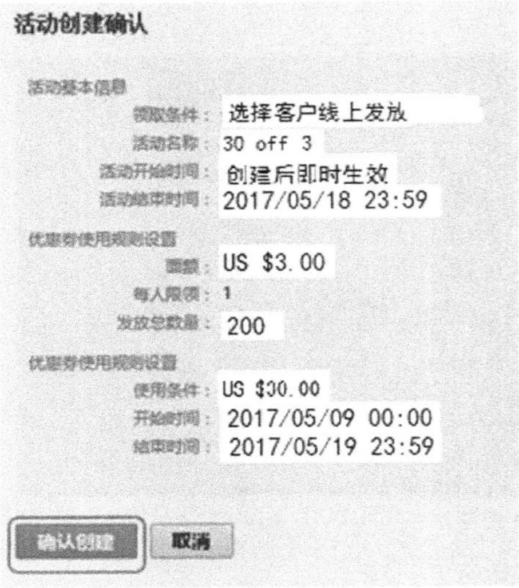

图 1-109

点击"添加用户发放优惠券"可以有针对性地给客户发放优惠券。可以筛选近三个月有交易的或近三个月无交易的以及所有交易过的客户,还可以选择所有加购物车的客户、所有加愿望清单的客户,如图 1-110 所示。

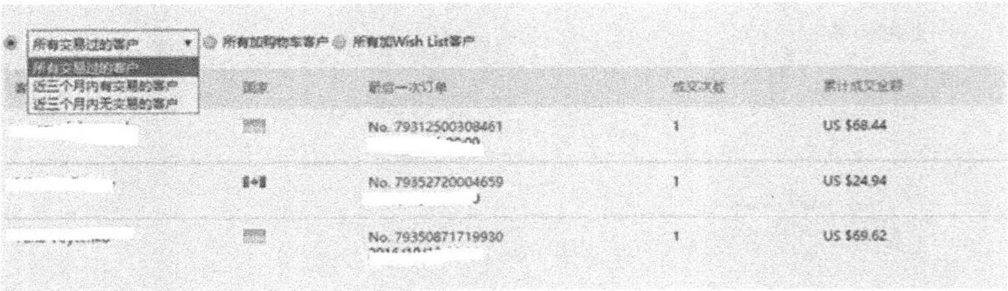

图 1-110

4. 设置金币兑换优惠券。

这算是一个较新的优惠券模式,流量入口是来自手机端的金币频道。设置金额为 1—200 美元之间的正整数,优惠券金额越高,买家所要花费的金币越高。一般不限使用条件的优惠券被领取得最多,引流转化效果最好。如果店铺整体客单较高,建议可以设置一个 2 美元的不限使用条件的金币优惠券。这种金币优惠券主要被用来做引流,当然如果产品有足够价格优势,通过这个流量渠道打造一个高性价比的小爆款也是可能的。具体操作办法比较简单,我们这里不详细介绍了。

【相关链接】

目前速卖通平台还有其他两种优惠券,一种是秒抢优惠券,一种是聚人气优惠券。如果店铺设置了领取型优惠券、金币兑换优惠券、秒抢优惠券和聚人气优惠券,那么就可以加入速卖通的优惠券免费推广计划,由平台进行统一推广引流。推广的方式主要有三种:

(1)通过平台的优惠券页面进行推广:https://coupon.aliexpress.com;

(2)平台通过邮件营销向买家推荐优质产品时会展示卖家的优惠券信息;

(3)通过海外搜索引擎、社交平台等流量渠道进行推广。

问题 29：如何使用联盟营销？

【问题背景】

刘靖想更大程度地提升店铺的曝光量,补充店铺推广手段,他打算尝试使用联盟营销。联盟营销是一种按照效果付费的推广模式,加入联盟营销相当于请了来自世界各地的网站站长帮助店铺做推广,他们收取成交金额的佣金,是一种按照成交效果付费的营销方式。

【所需准备】

完成店铺产品上架。

【操作技巧】

1. 加入和退出联盟营销。

在"我的速卖通"—"营销中心"—"联盟营销"中,点击"确认服务协议",就成功加入速卖通联盟营销了。一旦加入联盟,所有商品都变成联盟商品,系统会自动根据卖家设置的默认联盟佣金比例为所有的商品设置联盟佣金。

勾选"我已阅读并同意此项协议",点击下一步设置佣金比例,就可以开始联盟营销了。之后点击"加入联盟计划"就开通联盟营销了,如图 1-111 所示。

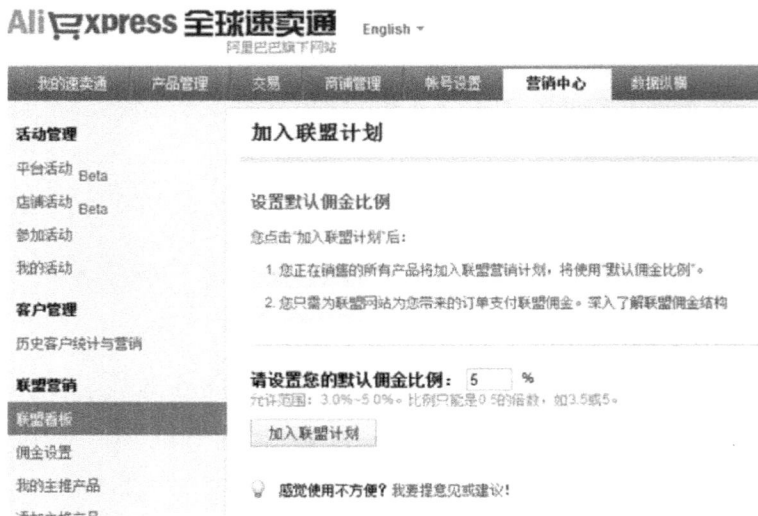

图 1-111

2. 通过联盟看板查询数据。

打开"我的速卖通"—"营销活动"—"联盟看板",可以看到店铺 3 个月来通过联盟营销所取得的效果。如图 1-112 所示,我们可以看到通过联盟营销,给店铺带来了 86349 个点击量,访客数为 45778 人次,要支出的佣金为 1786.69 美元,总销售额为 30771.11 美元,可见联盟营销带来的效果非常明显,销售 3 万多美元我们仅需支付 1786.69 美元,小投入大回报。

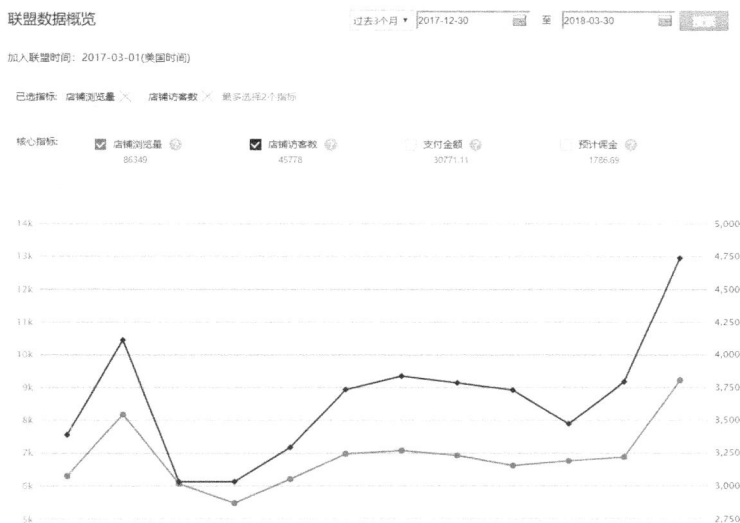

图 1-112

3. 佣金设置。

所有未设置的类目佣金比率默认为是 6%,可以点击右边"添加类目设置"给类目设置不同的佣金比率,可以根据店铺自身条件去合理设置,如 1-113 所示。

图 1-113

4. 主推产品设置。

主推产品最多可以设置 60 个,如图 1-114 所示,点击"添加主推产品"就可以添加产品,但是要注意即使不添加到主推产品,也会扣除佣金。主推产品是重点推广产品,应该把优秀的产品添加为主推产品,这样更有利于曝光。站长会通过分析产品销量、评价和描述来判断某产品是否为优秀产品,如果符合要求,会重点推广,这样也有助于提升营销效果。

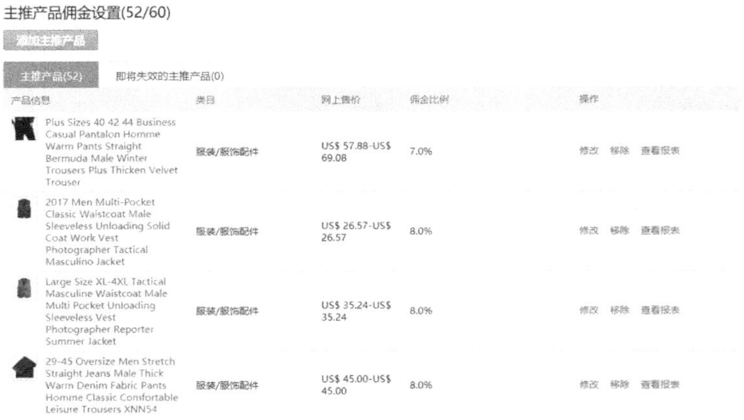

图 1-114

5. 分析其他相关报表。

其他相关报表包括流量报表、订单报表、退款报表和成交详情报表。联盟流量数据概览折线图与前面的联盟看板数据差不多,唯一不同的是联盟 PV 和联盟访客占比。其中,联盟 PV 就是通过联盟推广来到店铺的买家浏览的商品页数,联盟访客占比就是通过联盟来的访客占我们整店访客的比率。通过订单报表折线图可以看到通过联盟带来的订单数、订单金额和支付的佣金。通过退款报表可以查看有多少订单被退款了,退了多少金额以及佣金的综合数据。最后就是成交详情,通过该详情可以查询联盟成交明细和联盟退款明细,可以锁定日期和主推产品,通过筛选产品 ID、关键词或者订单号查询单个产品的数据。

【相关链接】

速卖通大学"营销活动之联盟营销"课程:

https://university. aliexpress. com/course/detail. htm? spm = a2g1d. 9191980. 0. 0. 3c38567blOdQt3&code=PX4VIQDT。

问题 30：什么是"速卖通直通车"？

【问题背景】

　　针对公司刚出的新品，刘靖想短期内进行推广，以打开局面。刘靖特别预算了一笔营销推广费用，专门用于新品的打造。刘靖听说"速卖通直通车"是速卖通平台一款点击付费广告，能够产生快速的推广效果，他很想尝试一下。在"开车"前，刘靖需要了解什么是"速卖通直通车"。

【所需准备】

　　完成店铺产品上架。

【操作技巧】

　　1. 直通车含义。

　　直通车是一种按效果付费的广告，简称 P4P(Pay for Performance)，直通车的付款方式是按点击付费。在速卖通平台，商品是否能展示在搜索页靠前的位置直接影响商品的点击率。直通车就是通过竞价排名让卖家的商品展示在页面靠前的位置，展示不需要付费，当买家点击该商品时卖家需要支付广告费。简单来说，速卖通直通车就是一种快速提升店铺流量的营销工具。

　　2. 竞价排名。

　　竞价排名是指通过竞争出价的方式获得网站有利的排名位置，达到高曝光量、高流量目的。竞争排名的基本原理是卖家选择一批和产品相关的关键词，并对这些关键词出价，买家搜索该关键词时，出价高的卖家商品即被展现在页面靠前的位置。但是在基本原理背后，速卖通平台会根据多种因素加权计算排名规则，最终呈现在网页上的结果会和出价的高低有所区别。

　　3. 直通车推广的优点。

　　对于新品而言，由于没有很好的销售记录，很难有机会被展示在搜索结果页面靠前的位置，通过直通车可以快速获取大量曝光，增加销售机会。直通车可以引入精准的流量，产生有效点击才会计费，恶意点击和重复性人工点击会被系统除去。商品卖家可以为每个关键词设置单个点击竞价，也可以针对投放时间、投放区域、每日投放预算进行设置，对于每个直通车广告的投入费用和投放地区可以进行定位。

【相关链接】

速卖通大学直通车基本介绍：

https://university. aliexpress. com/course/detail. htm？ spm ＝ a2g1d. 9191980. 0. 0. 7bad567brWBand＆code＝AE5738。

问题 31：速卖通直通车有哪些规则？

【问题背景】

刘靖听说直通车一旦开起来，就相当于一台烧油的机器，需要花费不菲的财力。为了将有限资源进行最大化的利用，刘靖先认真学习了速卖通的规则，以便全面了解速卖通直通车。

【所需准备】

完成店铺产品上架，了解什么是速卖通直通车。

对要推广的产品做好产品优化工作，包括产品分类要正确，属性填写要完整，标题设置、关键词设置、图片、产品描述要恰当等。

【操作技巧】

1. 排名规则。

直通车排名规则主要受两大因素影响，分别是推广评分和出价。其中，推广评分在整体排名中起关键作用，主要通过商品信息质量、商品与关键词匹配性、商品评分和店铺评分 4 个因素考量，如图 1-115。只有推广评分为优加上有竞争力的出价，才能排在首页。如果推广评分为良，即使出价再高也不能排在首页。

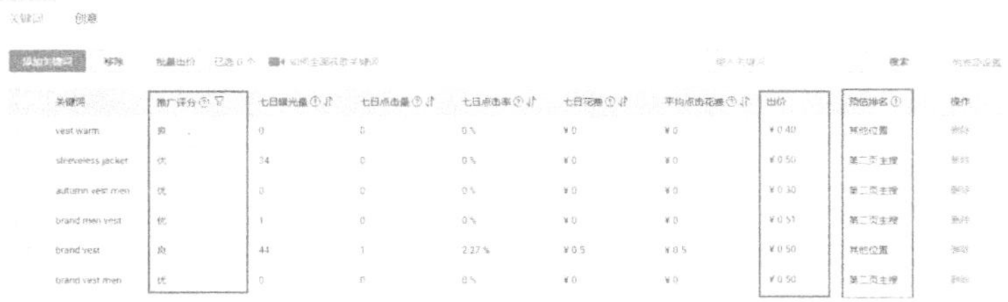

图 1-115

2. 扣费规则。

直通车产品的展示曝光不扣费，客户的有效点击才扣费。扣费与卖家推广评分及出价相关，实际扣费不会超过卖家的出价。

3. 推广方式。

目前直通车的推广方式有两种，一种是专门用于打造爆款的重点推广计划，如图 1-116 所示的左侧方框,一种是方便测品的快捷推广计划,如图 1-116 所示的右侧方框。这两种方式各有优点,系统可以根据最近数据向卖家展示近期表现不错的商品。

图 1-116

4. 优化工具。

直通车优化工具有选品工具、关键词工具、商品质量诊断和抢位助手。选品工具主要有两个功能,第一个功能是系统会有 3 个推荐理由——热搜、热销和潜力,卖家也可以根据商品分组、发布的账号、数据维度对分析结果进行筛选;第二个功能是通过同类商品热搜度、浏览量、订单量和转化指数等,对商品进行筛选和排序。

图 1-117

关键词工具主要有五个功能,如图 1-118 所示,可以用任意关键词搜索出更多的相关关键词;可以针对现有推广计划或者任意行业搜索推荐关键词;系统也会自动推荐一些近期买家的搜索词;可以根据标签筛选被推荐的关键词,如高流量词、高转化词、高订单词、小二推荐词;选好关键词后卖家可以对所选词批量出价。

图 1-118

5.直通车首页。

图 1-119 是正常的直通车账户首页,显示的推广状态为"推广中",该状态下卖家在前台直通车展示位可以看到卖家的推广商品,点击产生扣费。此外,还可以看到账户余额、今日消耗和账户每日消耗上限。

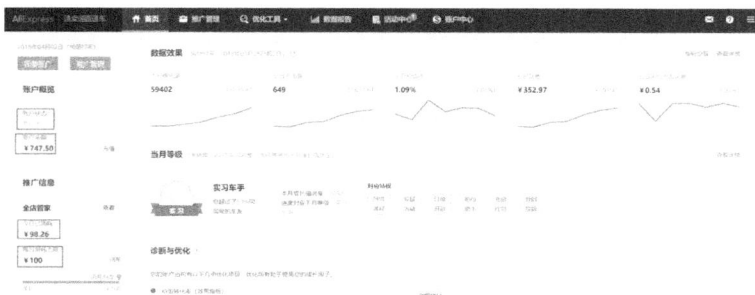

图 1-119

6.推广管理。

推广管理如图 1-120 所示,主要包含以下几个板块:左侧为所有计划,显示当前快捷推广计划和重点推广计划的名称,绿点为正在推广的计划,计划概况显示快捷推广计划中包含的产品数和关键词数以及重点推广计划中包含的单元数。

图 1-120

7. 数据效果。

通过数据效果可以看到七日曝光量、七日点击量、七日点击率、七日花费总量和七日平均点击花费量。数据源自所有推广中的商品,也可以通过自定义去查看每个商品的推广效果。

8. 账户中心。

在账户查询中,可以看到账户可用余额和余额构成,对已经充值成功的金额可向阿里巴巴申请开具发票,设置余额提醒,查询账户明细。

图 1-121

【相关链接】

速卖通直通车推广技巧:

http://www.cifnews.com/theme/aliexpressp4p。

问题 32：如何看懂直通车数据报告？

【问题背景】

学会看数据,分析数据,这是卖家的必备知识与能力。做速卖通直通车数据分析有利于了解自己,在新手阶段,刘靖应该积极掌握对这些数据的分析和运用,这有利于后续的调整和优化。

【所需准备】

完成店铺产品上架,了解速卖通直通车的相关规则。

【操作技巧】

点击速卖通直通车后台的"数据报告",可以看到针对账户整体营销状况提供的效果统计分析报告。包括速卖通直通车后台一共有 3 种类型的数据报表:账户报告、商品报告、关键词报告。

1. 查看账户报告。

如图 1-122 所示,账户报告分析账户近 1 月或者 7 天的点击量和花费,导出的数据以时间为维度,也可以根据计划类型及计划筛选进行查看。

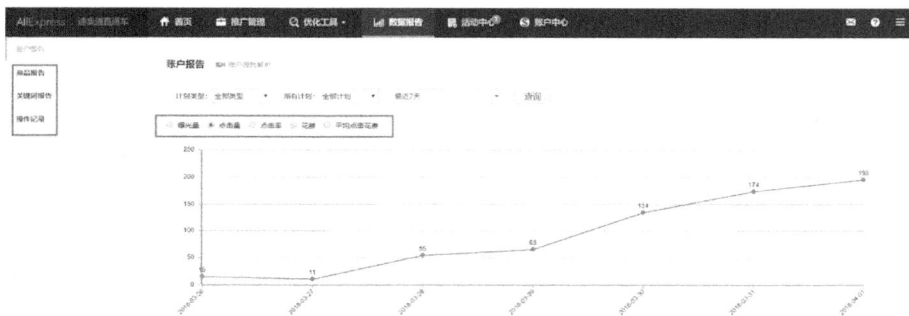

图 1-122

2. 查看商品报告。

通过对推广商品的横向比较,观察哪些商品得到的点击量最多,花费如何等,导出的数据以商品为维度。通过图 1-123 所示可以看到所有商品近五个月内的数据,包括曝光量、点击量、点击率、花费和平均点击花费五个维度。比如,把近 7 天的数据按照点击量排序后,找到排在第一位的商品与自己想要重点推广的商品进行对比,如果不是主推商品的话,就需要继续完善。

图 1-123

3. 查看关键词报告。

观察哪些关键词有点击,点击多的词是否与商品强相关等等。卖家推广商品时,能否得到充分的曝光取决于关键词,所以要了解关键词的数据效果,包括关键词的数量、曝光量、点击量、花费等核心指标,再去确认下一步的优化方向。

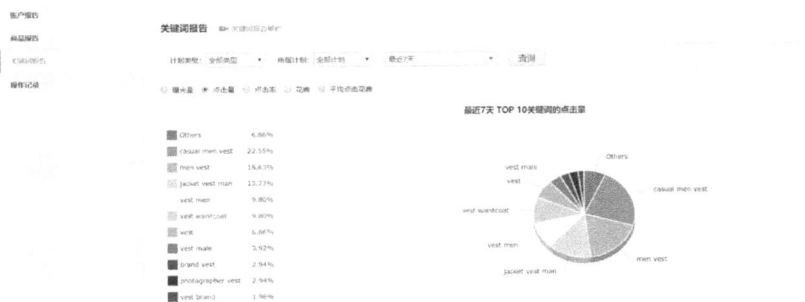

图 1-124

4. 如何使用数据报告。

举个例子,有个卖家最近发现店铺流量一下子飙升,想找到流量激增的原因,他该如何使用数据报告呢?首先查看账户报表,找到激增的时间点,再去查看对应的商品报表,通过排序找到点击占比高的商品名称,就是这款商品带来的点击最多,看下这款商品是否为主推产品,并根据情况做出相应的调整。打开关键词报表选择相同时间段,然后查看主要流量来自哪些关键词,是否为上述商品的主要关键词,匹配度如何,平均点击花费是否超出行业水平或自身承受水平,根据这些情况以及转化情况对商品和关键词进行调整优化。如果发现虽然商品为主推,但与其匹配的点击率最高的关键词较为宽泛,且平均点击花费过高,转化又低,应该马上做出调整。

【相关链接】

速卖通大学"直通车数据分析"课程:

https://university. aliexpress. com/course/detail. htm? spm = a2g1d. 9191980. 0. 0. 7bad567brWBand&code=AE5740。

问题 33：如何新建速卖通直通车推广计划？

【问题背景】

作为一种快速提升店铺流量的营销工具，刘靖了解了速卖通直通车的规则之后，便开始打算"开车"，但是在具体操作方面刘靖还是需要一步一步去探索。

【所需准备】

完成店铺产品上架，了解速卖通直通车的相关规则。

【操作技巧】

1. 新建推广计划。

进入 My Aliexpress 后台，点击进入"营销中心"，找到左侧速卖通直通车菜单，点击"直通车概况"后即可进入速卖通直通车首页。点击"新建推广"即可开始建立新的推广计划。新建的推广计划分为"重点推广计划"和"快捷推广计划"两种。新建推广信息主要有"选商品，选词，出价"三大步。点击新建计划后，选择"重点推广计划"，填写推广计划的名称，点击"开始新建"。

2. 添加推广商品。

将"新增产品默认"的"暂不推广"，修改为"加入推广"。这样后期发布的产品会自动加入推广，不用自己手动添加产品。

系统会按照商品组，列出所有可以推广的商品。如图 1-125 所示，选择想要推广的产品（重点推广每个单元只允许添加一个商品），按类目逐个删选，勾选想要推广的产品，选择"加入推广"。若需要取消推广，则在这里找到对应产品后，点击"取消推广"即可。

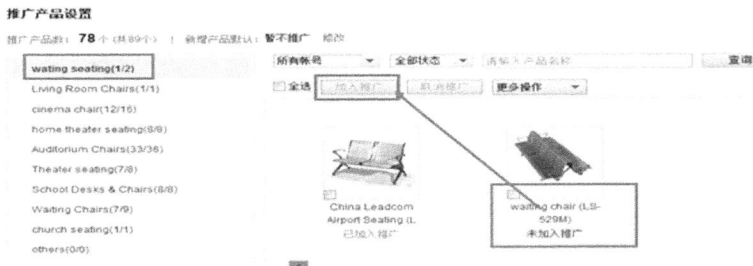

图 1-125

3. 添加关键词。

通过"系统推荐"，或者上方搜索框中搜索相关词，或者左侧直接手动输入关键词任一方式，选择想要推广的关键词。如使用系统推荐功能，从系统推荐的关键词中找到想要推广的词并单击后，关键词就会出现在左侧的加词清单中。选择好关键词之后，用回车分隔，点击添加成功以后，再点击下一步即可出价。

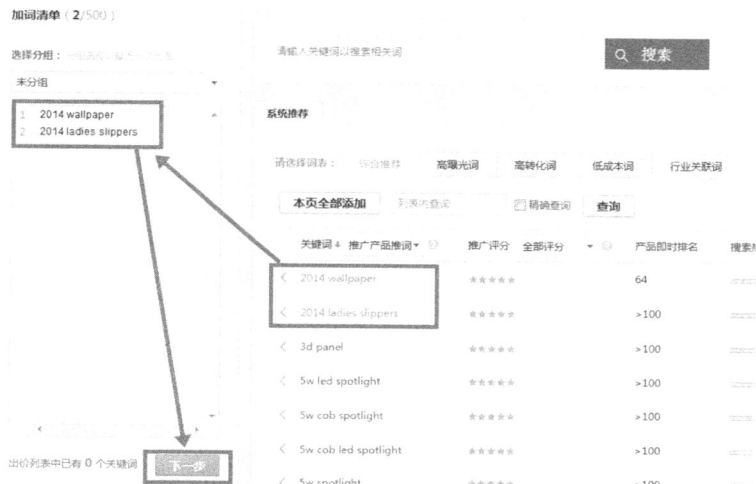

图 1-126

4. 出价。

图 1-127

为所选择的关键词设定每点击最高扣费上限价格，选词后在关键词列表下方，可批量为这些词出价，出价方式有按市场平均价加价，和以底价为基础加价两种。可以在推广管理中对每一个关键词价格做出修改。最后点击页面右下角的"完成"，直至页面出现"加词成功"，整个速卖通直通车推广才算建立完成。

【相关链接】

速卖通大学"如何设置直通车推广计划"课程：

https://university. aliexpress. com/course/detail. htm？ spm ＝ a2g1d. 9191980. 0. 0. 7bad567brWBand&code＝AE5787。

问题 34：如何让直通车的商品获得更多的曝光？

【问题背景】

刘靖的速卖通店铺直通车开通有一周了,可是他发现效果并没有想象中那么好,订单并没有预期的那样呈上升趋势。他在想是不是推广方法不正确呢?刘靖通过分析得出速卖通直通车的推广效果(点击)主要体现在两方面:曝光和点击率,所以他打算后续分别对曝光及点击率进行优化。

【所需准备】

完成店铺产品上架,了解速卖通直通车的相关规则,设置好直通车。

【操作技巧】

1. 关键词选择。

在选择关键词时,选择推广评分高的关键词进行出价,我们以一款男士背心为例,关键词包括 vest warm,sleeveless jacket,autumn vest men,brand men vest,brand vest,brand vest men,应该选择系统推广评分为"优"的关键词,对 sleeveless jacket,autumn vest men,brand men vest,brand vest men 这四个词进行出价。

2. 提升所选关键词与所推广商品的相关性。

关键词与商品名称中的描述相关程度,如商品名称为 cell phone battery,关键词也为"cell phone battery"或与此相关的同义词,则关键词和商品的相关度较好。

关键词与商品类目及属性的匹配程度,如商品 nokia 5310 mobile phone,在属性"型号"中属性值为"5310",而关键词也为"nokia 5310 mobile phone",则关键词和商品的相关度较好。关键词与商品描述的相关程度,如商品 nokia 5310 mobile phone,描述需要围绕该型号的 mobile phone 展开。

3. 提升商品的信息质量。

提升商品信息完整度,首先商品属性要填写完整,其次简要描述和详细描述能够清晰描述产品的主要特征,能够对于重要产品信息进行着重介绍,并尽量用分段且标号的写法,严禁避免罗列和堆砌。如简要描述单纯地从详细描述里直接拷贝,这将严重降低相关性;详细描述不能单纯使用图片来代替文字进行描述。

4. 及时调整出价。

由于速卖通直通车是一个可以随时修改出价的产品,并且有很多卖家同时参与使用这项服务,因此可能由于新用户的加入或者其他用户修改了出价,导致排名发生变化,需要及时关注价格趋势并修改出价。

5. 设置符合自身推广需求的"每日消耗上限"。

如果当天的消耗已经达到了设定的每日消耗上限,所有的推广商品将会下线。根据希望获得的效果设定符合自身推广需求的消耗上限,这样可以保证推广商品能持续在线,避免因为预算超过突然下线而白白损失掉曝光机会。

【相关链接】

如何提高直通车商品的转化率?

1. 提高所选关键词与商品的匹配程度,包括提高商品图片及商品标题与关键词的匹配程度等。

2. 提高商品图片及标题的吸引程度。

3. 提高买家搜索的认可程度,主要包括加大对商品的详细描述程度,提高后续服务质量。

问题 35：SNS 是什么？

【问题背景】

直通车让刘靖的店铺流量有了明显的提升，但是他并没有满足现状，他继续探索其他的营销方式。他一直听朋友说 SNS(Social Network Service，社交网络服务)能够有助于提升店铺的流量，感觉非常高大上，他想了解一下什么是 SNS。

【所需准备】

正常运营的速卖通店铺。

【操作技巧】

传统营销是销售导向的，通过电视、广告、报纸等向消费者传播产品的信息，消费者无法体现自己需求。随着互联网时代的到来，商家与消费者之间的距离越来越短，搜索引擎知识改变了消费者获取信息的渠道，但并不能解决消费者反馈需求的问题。

社交网络营销是一种非常时髦并且高效的营销方式。社交网络主要是根据人脉理论，通过朋友介绍来认识新的朋友，并且这个关系网可以无限地扩展下去。随着 Facebook，Twitter 等社交网站的崛起，营销时代向以互动为核心转变。我们可以用哪些社交网站做跨境电商呢？

1. Facebook。

2016 年《全球社交媒体研究概要》中的数据由在线统计网站 Statista 提供，报告指出，Facebook 是当今世界名副其实的霸主，坐拥 15.9 亿活跃用户，市场份额高达 18%。比第二名同时也被 Facebook 纳入麾下的社交软件 WhatsApp，高 7 个百分点。著名的国内跨境电商企业兰亭集势、DX 等都在 Facebook 上创建了自己的官方网页。

2. VK。

VK 目前是俄罗斯及东欧国家最受欢迎的社交网站，相当于 Facebook 在欧美国家的影响力。俄罗斯年轻人经常活跃在该平台上，VK 网站对客户的黏性非常强，用户在该网站的浏览时间甚至比在 Facebook 上的还长。也有大量的中国卖家通过 VK 与客户进行互动。

3. Twitter。

Twitter 作为全球最大的微博网站,注册用户超过 5 亿,众多企业利用 Twitter 进行产品促销和品牌营销,跨境电商同样可以通过 Twitter 进行海外营销。还可以利用 Twitter 上的名人进行产品推广,借助名人效应让千千万万的粉丝熟知品牌。2014 年 Twitter 推出了购物功能键,更便于跨境电商在海外开展营销活动。

4. YouTube。

YouTube 是全球最大的视频网站,用户可以在该网站分享影片及短片,YouTube 有强大的影响力和传播力,跨境电商可以在该平台上开展营销,比如开通一个频道,上传一些有吸引力的视频,并植入产品广告或者让关键领域意见领袖评论影片。

5. Pinterest

Pinterest 是全球最热门的十大社交网站之一,也是最大的图片分享网站。用户可以在网站保存自己感兴趣的图片,其他网友可以观看并转发。跨境电商卖家可以在网站建立自己的主页,制作、上传精美的图片,并在图片中加上产品的信息,以吸引消费者注意。Pinterest 获取了所有用户的注册信息,制作成了数据库并分析消费者喜好,能够帮助卖家精准投放广告。卖家也可以购买 Pinterest 的广告,进行宣传。

6. LinkedIn

LinkedIn 目前已经进入中国,在国内名字叫"领英",如果将毕业生或者职场人士作为产品的目标对象,可以选择该平台开展营销,该平台本质上是一个关于专业、行业、职场社交和招聘的社交网站,与不同的杂志对接,是很多商业杂志、新闻网站的导流网站。

7. Tumblr

Tumblr 是全球最大的轻博客网站,轻博客是随着互联网发展产生的新媒体形态,介于博客与微博之间,既注重表达,也注重社交及个性化设置。因此跨境电商在 Tumblr 上开展营销需要注意内容的表达,将品牌融入一个个引人入胜的故事,让消费者主动去传播。

【相关链接】

1. 社交网站分类:第一种是建立人与人之间基于熟人之间强关系的社交网站,如 Facebook、VK、LinkedIn 等;第二种是建立人们基于共同兴趣爱好关系的网站,关键是内容、人与人链接,如 YouTube、Twitter、Pinerest 等。

2. 主流 SNS 及特点:

图 1-128

问题 36：如何使用 Facebook？

【问题背景】

　　了解了 SNS 海外营销之后，刘靖想选择一家平台开展营销活动尝试。随着 Facebook 用户的不断增加，它的用途已不再局限于纯粹提供社交服务，越来越多的企业已经开始通过 Facebook 来吸引客户，并推销自己的品牌。如今，国内已有不少外贸企业开始利用 Facebook 来做外贸营销。刘靖打算注册一个 Facebook 账号开展营销。

【所需准备】

　　能够登录 Facebook 账号。

【操作技巧】

　　1. 创建 Facebook 企业账户。

　　登录 www.facebook.com，点击头像进入个人主页，编辑个人主页信息。编辑个人头像以及主页背景，点击相机标志替换照片。

图 1-129

　　点击头像，图 1-130 中所示的①，进入个人主页，编辑个人主页信息。可以编辑个人头像以及主页背景，点击②处的相机标志可以替换照片。在个人主页中可以编辑个人简介，你是怎么样的人，就会给你推荐怎么样的人（比如说，你哈佛毕业的,就会出现哈佛的校友。比如说,你喜欢哪本书,看过哪部电影,在哪里待过,在哪里上过学)。还可以创建个人主页照片,照片集。

图 1-130

填写真实有效的个人信息,网站信息除了公司主页,建议添加网站和社交链接,使各个平台之间交互绑定,增加流量间的互通。可添加运动、音乐、电影、电视节目、书籍等,有利于吸引同兴趣爱好者。

图 1-131

通过设置选项,进行更详细的个人信息完善或调整。利用好隐私设置和屏蔽设置,筛选加友申请以及做好主页的透明度。

2. 创建 Facebook 公共主页。

如图 1-132 所示,点击首页,在页面的左下角可以创建主页。

图 1-132

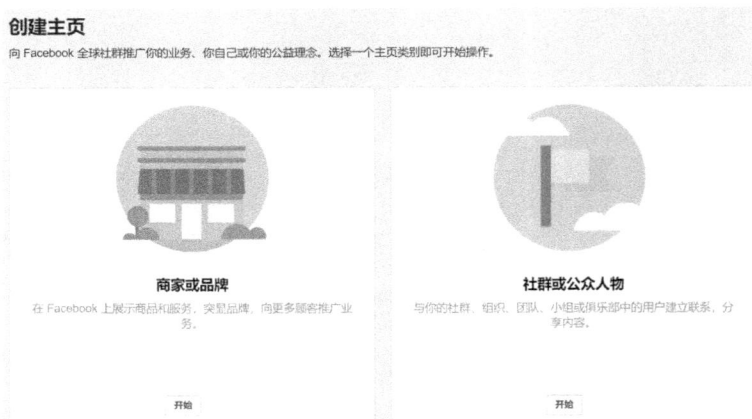

图 1-133

　　一个账号下可以创建多个主页,主页在创建前需要确定我们的目标群体或者是目标区域,主页的名称尽量用品牌＋核心关键词,主页名字不宜冗长,尽量减少"－"等符号的使用。头像和封面的更换方面,企业主页的头像最好是 Logo,以加强品牌形象,封面建议可以用团队照片,因为国外人比较注重团队;忌用隐私照片,因为他们比较注重隐私。主页封面也可以用带有创意的设计图,描述我们是做什么的。

图 1-134

通过设置页面,可以对主页的各个信息进行个性化的设置。通过设置快速访问入口,方便从个人首页中心快速进入自己要管理的主页。

3. 在 Facebook 上加好友、小组以及关注主页。

首先确定你可搜索的关键词不少于 5 个,其次要确定你可以加的好友类型,选择要加的用户、小组或者是要赞的主页,刚开始不宜加太多的人,可以先尝试加一两个,前两个加的人影响着之后 Facebook 给你推荐好友的人群。

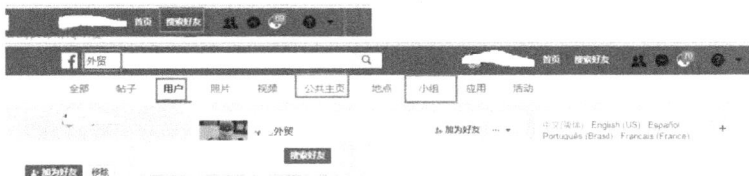

图 1-135

4. 在 Facebook 上发帖。

点击主页的发帖,即可开始编辑文字内容,例如:促销公告或新品照片。所有帖子都会显示在主页上,并会显示在主页点赞用户的动态消息中。点击时钟图标,即可设置排期帖,在日后发布。点击定位图标,即可选择帖子的分享对象。如果只想向特定的年龄或位于特定国家/地区的客户展示帖子。点击地点图标,即可添加自己所在的地点。点击相机图标,即可向帖子添加照片或视频。准备好发帖后,只需点击"发布"。

图 1-136

【相关链接】

1. 帖子的发布时间。

结合用户和区域时差情况选择发布时间,如果用户(粉丝、朋友)主要集中在美国,一般晚上 11 点可以进行发布,因为这刚好是美国的早上时间。如果客户是女性,可以安排在当地下午 3—6 点,一般该时间段女性有时间参与评论。也可以选择在所在区域的深夜发布,一是因为深夜发布信息流少容易让部分晚睡者看见你的信息,二是起早的人可以较容易地看到你的信息。

2. 如何避免封号。

(1) 保持用固定的 IP 登录 Facebook。

(2) 不要过于主动地加陌生人,有可能会因此遭到举报而被封号。

(3) 新账号刚开始不要着急加好友,先发发动态,赞赞别人的帖子。

(4) 操作一定要适度:①添加好友不要过多过快;②加群不要过多过快。

(5) messenger 不能发短链接过多。

(6) 保持页面日常更新,以及与他人的互动。

问题 37：如何使用 LinkedIn？

【问题背景】

　　LinkedIn(领英)是全球最大的职业社交网站,是一家面向商业客户的社交网络(SNS),网站开设的目的是让注册用户维护与他们在商业交往中认识并信任的联系人之间的关系,俗称"人脉"。现在用户数量已达 2 亿,平均每一秒钟都有一个新会员加入。2014 年 2 月 25 日,LinkedIn 简体中文版网站正式上线,并宣布中文名为"领英"。刘靖打算注册一个领英账号,去邀请他认识的人成为"关系"(Connections)圈的人。

【所需准备】

　　能够登录 LinkedIn(领英)账号。

【操作技巧】

　　1. 注册 LinkedIn 账号及完善个人信息。

　　登录 www. linkedin. com,完善个人基础信息、照片和 banner 装修,完善职业档案,设置账号详细信息,编辑公开档案及网址,编辑网址可以方便记忆。

图 1-137

2. 创建 LinkedIn 公共主页及完善主页信息。

此处需要填写公司名称、公司网页网址,添加办公地点。为了管理方便,要利用好管理员工具,设置不同板块的负责人,在公开链接中加入公司主页网址。

图 1-138

3. 在 LinkedIn 上加好友。

如何在领英上添加好友? 在"我的好友"下方有"拓展职场人脉"按钮,点击之后,可以看到领英会导入邮箱通讯录的联系人,可以在当中加以选择并加为好友,也可以随时调整通讯录联系人。在页面下方,系统还通过数据爬虫技术,推荐一些你可能认识的人。也可以自己主动搜索,如搜索某公司,即可找到该公司注册领英账号的人。

图 1-139

4．在 LinkedIn 上发布内容。

如图 1-140 所示，可以发布文章、照片、视频或者动态，点击照相机按钮可以即时拍照发布，点击视频按钮可以即时录制视频发布，点击"发布"按钮即发布成功。当然，也可以发布人才招聘信息，将职位信息推广给优秀人才。发布广告需要单独注册广告账号。

图 1-140

【相关链接】

领英网站首页：

https://www.linkedin.com。

问题 38：如何设置速卖通提现账户？

【问题背景】

经过团队不懈的努力,刘靖的跨境电商业务得以顺利开展,他的营业额达到了 3 万美元。随着业务量的扩大,对资金的需求也在提升,刘靖需要把这笔资金从账户中提取出来。要想提现,第一件要做的事情就是设置提现账户。

【所需准备】

正常运营的速卖通店铺,账户中有一定数量的余额。

【操作技巧】

1. 在速卖通上添加人民币提现账户。

访问"资产管理",点击"添加国内支付宝账户"按钮(图 1-141),随后点击确认按钮,添加的国内支付宝账户须通过实名认证,然后再输入国内支付宝账户名和登录密码,点击登录。

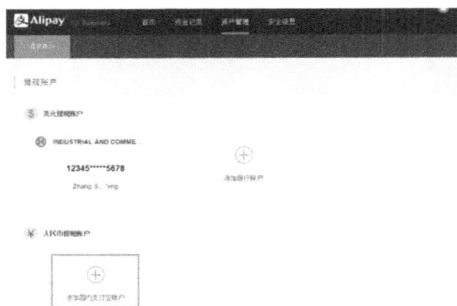

图 1-141

添加成功后,页面跳转到提现账户页面,如图 1-142 所示,这样就表示人民币提现账户添加成功。

2. 在速卖通上添加美元提现账户。

在图 1-143 可以看到添加"美元提现账户"选项。在添加提现账户之前,请仔细查阅,选择银行卡开户地区和银行账户类型后,输入银行账户信息(账户名,swift code,银行账号)。

图 1-142

图 1-143

　　账户名填写在银行办理银行卡时填写的名字,若是中国大陆用户,填写中文名字的拼音,例如开户时填写的名字是张三,账户名就填写拼音:Zhang San;若无中文名,则填写在银行开户时填写的英文名字。若有疑问,请咨询银行账户的开卡行。

　　swift code 需填写 11 位数,若填写的是开卡行总行的 swift code,最后三位需添加××× ,比如中国银行总行的 swift code 是 BKCHCNBJ,则输入 BKCH-

CNBJ×××即可。若您不知道您的开卡行的 swift code，则需咨询您的银行卡开卡行。

输入正确的银行信息后，再次确认填写的银行信息是否准确无误，若无误，点击"确认添加"，即完成了提现账户的添加。

【相关链接】

速卖通放款规则：买家确认收到货物或买家确认收货超时了情况下，系统会自动核实订单中所填写的货运跟踪号（简称：运单号）。系统将会核对运单号状态是否正常、妥投地址是否与订单中的收货地址一致等信息。如运单号通过系统审核，系统会自动将款项支付到卖家的相应收款账户中。如运单号未通过系统审核，订单将会进入服务部人工审核流程。

问题 39：如何开展速卖通无线端运营？

【问题背景】

速卖通无线端自 2013 年开始运营至今,无线端用户购买率日益增长。在跨境电商行业现在流行一句话——"得无线者得天下",无线端是跨境电商强有力的"武器",2017 年双十一,速卖通无线端交易单日占比高达 62%,越来越多的卖家注重无线运营的优化,刘靖也不例外。

【所需准备】

正常运营的速卖通店铺。

【操作技巧】

1. 了解速卖通无线端买家的访问时间和频次。

由于移动设备的便捷性,以及外出时间不常在 PC 端前的特点,所以用户访问的分布点主要集中在周末以及晚上。另外,用户从 PC 端转化到无线端之后,购买频次将会大大增加。同时,用户访问无线具有多频次、短时间的特点,这样就要求卖家的内容要在第一时间抓住用户的眼球。

2. 了解速卖通无线端体验。

目前速卖通无线端包括 3 个客户端(iOS 客户端、Android 客户端和 iPad 客户端)和 1 个 Mobile Site。我们以 iOS 客户端为例,介绍客户在无线端的浏览过程,如图 1-144 所示。

国外买家一般通过 App Store 下载客户端,进入客户端之后会看到无线首页,通过无线搜索、无线类目,可以到达无线商品详情页面、无线店铺首页等。在无线商品详情页面和无线店铺首页都有收藏和分享功能,如果买家感觉不错,可以分享店铺到社交网络。

目前速卖通无线端首页的主要内容包括:平台活动、All Categories、Super Deals 和 Quality Picks。在搜索和 Categories 的路径下,买家可以单独筛选、查看手机专享价的商品。

3. 如何获取无线流量。

无线端流量的获取包括站内和站外两个渠道,站内渠道包括无线搜索、无线

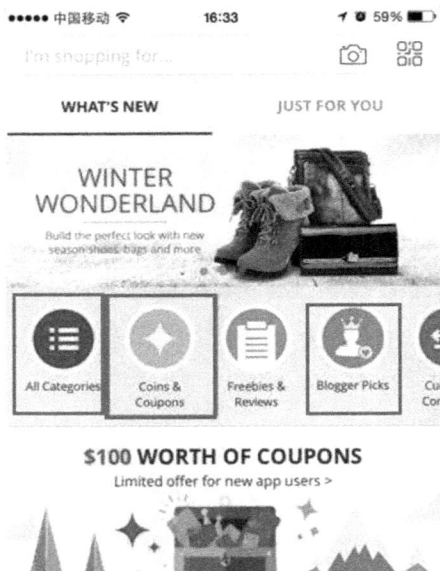

图 1-144

类目、活动资源、个性化推荐资源和 PC 端,站外渠道包括 SNS 和物料等。

在同样的维度下,系统倾斜使用无线端的数据。无线搜索的结果会受以下因素影响,如单品因素(单品浏览量、点击率、转化率、收藏量、销量、反客率、价格、是否设置手机专享价、二维码营销、SNS 推广),服务因素(订单好评率、订单 DSR、Top-ated Seller、Free Shipping、海外仓、退换货服务),店铺因素(店铺信誉等级、收藏量、转化率、销售量),文本因素(产品类目匹配度、属性匹配度、属性填全率、宝贝描述)。

进行无线类目选择时要研究哪些类目与客户搜索的匹配度高,尽量准确、完整地填写商品属性,才能让客户顺利找到你的产品。关注后台营销中心的活动报名,尽量同时报 PC 端和无线端活动。个性化推荐区块由于只展现商品主图和价格,需要更好地优化主图。利用二维码引导客户从 PC 端转到无线端。

无线端的拍照和分享非常方便,尽量引导客户利用无线端使用 SNS,这样能够带来流量的提升。物流主要是利用快递箱或出货单印刷二维码,引导客户分享和快速到达无线店铺或者商品页。

4. 如何提升无线端流量的转化。

无线端详情页面主要包含图片、标题、描述、评价,它们对无线流量的转化来说是至关重要的。

(1) 主图:商品的主图要清晰,要多图,同时注意细节和控制拼图,第一时间抓住顾户眼球。

(2) 标题:无线端商品的标题可读是有限的,所以要把客户注意的关键字提前,把重点描述部分放前面。

(3) 描述:PC 端详情页面转化到手机端会有很大变化,重点要把图片和文字进行分离。要保证描述页面中的图片清晰,比如服饰的尺码图片要让客户看得清。另外在无线端对相关联的图片应该有重点的划分,关联营销模块要放在靠近下面的位置。

(4) 评价:引导买家写一些正面的评价,以及晒单,最好可以带图。

【相关链接】

"卖家无线运营要点"培训视频:

https://university. aliexpress. com/course/detail. htm? spm ＝ a2g1d. 9191980. 0. 0. 37e3567b0a8wpR＆code＝AE5737。

问题 40：如何处理知识产权争议？

【问题背景】

知识产权是智力成果、无形财产，是人们对自己所创造的智力活动成果依法享有的占有、使用、收益和处分的权利。随着速卖通对于知识产权的重视和监管，平台出现的投诉和被投诉日渐增多，一不小心就会被投诉、被举报，刘靖近期就有个产品被投诉说知识产权侵权。面对知识产权问题，新卖家要格外小心谨慎。

【所需准备】

正常运营的速卖通店铺。

【操作技巧】

1. 了解发布侵权产品情形。

（1）产品标题、描述或店铺名称使用知名品牌或衍生词，或明显模仿某知名品牌。

（2）产品图片中含有知名品牌名称或衍生词、Logo 或相似 Logo，使用图片处理工具遮掩全部或部分 Logo。

（3）模仿知名品牌代表性图案、底纹或款式的疑似产品。

（4）卖家产品链接被知识产权所有人或拥有合法权利人授权的第三方代理机构投诉，未能提供有效合理证明。

（5）音像制品，未提供政府部门颁发的音像制品经营许可证。

（6）原设备厂商软件等，未提供政府部门颁发的有效销售许可证明。

2. 速卖通知识产权保护系统。

阿里巴巴建立的线上知识产权保护系统，知识产权权利人如果发现有涉嫌侵犯知识产权的产品，可以通过知识产权保护系统来主张权利。登录网站后，免费注册账号，填写基本信息。在"知识产权信息—新增知识产权"处填写知识产权信息并上传身份证明文件及知识产权证明文件，如专利证书、商标注册证、著作权登记证明等，提交阿里巴巴验证。验证通过后，在"知识产权投诉"中的"提交新投诉"页面查找侵权链接，在"待提交投诉管理"中与相关知识产权进行匹

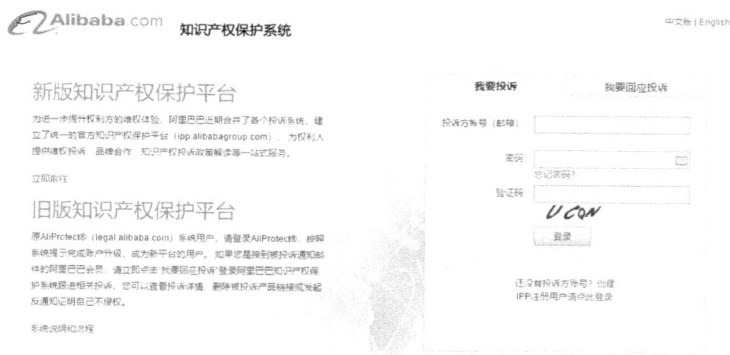

图 1-145

配,提交投诉。

3. 如何回应知识产权侵权投诉。

在阿里巴巴知识产权保护系统中回应知识产权投诉,首先,了解投诉方及知识产权情况,了解被投诉产品情况。其次,判断被投诉产品是否侵权,如若涉及侵权,需在后台进行清理,并与投诉方联系,协商沟通,请对方通过系统撤诉。如认为不涉及侵权,可以在系统中发起反通知,说明理由,也可以与投诉方联系,协商沟通,请对方通过系统撤诉。

【相关链接】

1. 阿里巴巴知识产权保护系统网址:

https://legal.alibaba.com/index.htm。

2. 全球速卖通知识产权规则:

https://sell.aliexpress.com/zh/_pc/ipr_rules.htm,更新时间为 2018 年 5 月 28 日。

第二章　亚马逊平台

问题1：亚马逊是什么？

【问题背景】

赵斌经营一家工贸一体型的外贸公司,随着全球国际贸易形势变化,他需要寻求新的出路。一个偶然的机会,他听朋友向他介绍亚马逊平台非常适合像他这样有自己的工厂或是在供应链方面有优势的品牌商,他决定深入了解亚马逊。

【所需资料】

通过文献查阅、网络搜索等方法,查询亚马逊平台相关信息。

【操作技巧】

1. 了解亚马逊平台。

亚马逊公司(Amazon,简称亚马逊),是美国最大的网络电子商务公司,位于华盛顿州的西雅图。亚马逊成立于1995年,开始只经营网络的书籍销售业务,现在扩及范围相当广的其他产品,已成为全球商品品种最多的网上零售商和全球第二大互联网企业。亚马逊2017年全年净收入为30亿美元,全年收入为1779亿美元,同比增长31%。

2. 亚马逊平台的卖家。

亚马逊是全球最大的在线零售商,允许第三方卖家通过平台销售产品。目前,第三方卖家的销售额已经占到亚马逊销售总额的50%。2017年亚马逊入驻卖家数量达391905个,平均每天入驻2996个。根据亚马逊欧洲市场的数据统计,中国卖家所占的亚马逊市场份额大概是25%,甚至更高。亚马逊市场上越来越多的跨境卖家都在中国。

3. 亚马逊平台的买家。

亚马逊平台的消费者主要为发达国家的中产优质客户,对价格并不敏感,因而产品利润率有保证。如果是有过给外国知名品牌代工经验的实力厂商,有建立对产品品质把控的标准,那么在亚马逊全球开店绝对是不可错过的销售渠道,倘若是自有品牌和专利,还可以在平台上进行商标备案,防止被其他卖家跟卖和侵权。

4. 亚马逊平台的门槛。

亚马逊是有一定门槛的,不但开店手续复杂,而且上手相对困难,同时还要防止账号关联等问题,如果一不小心触犯了它的规则,轻则会被警告,重则直接被封店。店铺被封后,同一套资料在亚马逊平台上是不能再去申请新店铺的,必须换一套全新的资料。2016 年下半年以来,亚马逊对于中国卖家的审核力度不断加强,没有进行过跨境电商培训的新卖家不管是注册还是运营,都会遇到比以往更大的阻力。

【相关链接】

亚马逊注册渠道分为全球开店和自注册两种。

第一种:招商经理——通过亚马逊招商经理的邀请链接注册。

第二种:网页自注册——顾名思义,用户在 gs. amazon. cn 上自行注册即可。

问题 2：亚马逊全球开店与自注册有哪些区别？

【问题背景】

赵斌在了解了亚马逊平台后,决定通过亚马逊开启跨境电商之旅。亚马逊平台入驻方式有哪些呢?赵斌通过网络搜索得知亚马逊可以通过全球开店与自注册这两种方式注册账号。但是对于像赵斌这样的新手而言,不知道亚马逊全球开店和自注册这二者的区别和优劣势。他需要弄明白亚马逊全球开店与自注册有哪些区别,进而选择适合自己的注册方式。

【所需资料】

通过文献查阅、网络搜索等方法,查询亚马逊平台相关信息。

【操作技巧】

1. 了解亚马逊全球开店和自注册的概念区分。

全球开店账号——如果选择全球开店,必须以公司名义注册,不管是内地公司还是香港公司均可。全球开店只是亚马逊的一个项目名称而已,并非你通过了就会拥有一个与亚马逊"全球店铺"类似的名称。亚马逊全球开店要分站点的。比如注册过北美站点,如果想开欧洲站点还需要另外申请。

个人自注册账号——在 www.amazon.com 上自行注册即可。以个人身份或公司资质注册均可。需要注意的是,一旦自注册后就无法转为全球开店账户,也无法享受全球开店的优势。

2. 了解亚马逊全球开店的优劣势。

(1)优势。

①账号安全性高,账号有问题 review 预警,封店率<9%(根据官方统计数据)。

②有对应的招商经理全程指导完成注册、上线,经理会告知卖家亚马逊对于图片、标题、描述以及关键字的要求,卖家在此过程中遇到任何操作问题,均可向上线经理求助,有需要升舱的卖家也可以通过招商经理去完成。

③有官方培训的支持,培训内容包括后台操作培训(单独刊登,批量刊登,订单处理,客服处理,后台设置,报告解读)如何提升销量,FBA 详解,最新政策,活

动解读。

④自建 Listing 的前三个月可拥有购物车。

⑤可申请各个站点的秒杀活动。对于全球开店的卖家,只要符合 FBA 库存数目、销售价格以及店铺绩效等要求,即可通过客户经理申请。

(2)劣势。

①非常难申请。全球开店账号只接受企业入驻,对卖家的资质审核比较严格,不是想入驻就可以入驻的。卖家自己申请全球开店的通过率不到 5%,一旦卖家自己申请全球开店没有通过,那么用于申请全球开店的那个公司不能再次用于全球开店的申请。

②周期非常长。全球开店账号的注册周期一般是一个多月(一个多月是指代理注册的平均周期,卖家自己申请的话都是在 3 个月以上),美国站会比较快。

③监管非常严。全球开店账号,必须严格遵守亚马逊的平台规则,产品图片、标题格式等等都必须严格按照要求执行,否则会被警告。

3. 了解自注册的优劣势。

(1)优势。

不需要公司,个人就可以注册,注册周期比较快。

(2)劣势。

①账号安全性低,封店率>56%（根据官方统计数据),即便是被 review 也不会有任何的预警和帮助。

②没有客户经理,很难申报秒杀活动,除非这个自注册卖家店铺绩效非常高,大卖家才会收到亚马逊的申请邀请,否则一般是无法参加的。

③没有客户经理,无官方培训支持普通卖家账户。

【相关链接】

1. 目前“全球开店”可以开通的站点有:美国、加拿大、墨西哥、英国、法国、德国、意大利、西班牙、日本。其中美国、加拿大和墨西哥为北美联合账号;英国、法国、德国、意大利、西班牙为欧洲联合账号。联合账号是指卖家在其中任意一个站点,就可以不需要再提供其他资料,连带开通联合账号内的其他站点。

2. 卖家账号无论是选择自注册还是全球开店,本质上的区别并不大,重要的还是要选择合适的产品,用心去运营店铺。

问题 3：亚马逊全球开店如何注册账户？

【问题背景】

赵斌通过调查，认为亚马逊全球开店前景不错，亚马逊的用户量足够大，全球累计用户达 3 亿，市场规模和交易量在跨境电商领域稳坐第一。赵斌结合自身在外贸行业摸爬滚打多年，成立了自己产品品牌的实际情况，他决定通过全球开店的方式入驻亚马逊平台。亚马逊美国市场的竞争虽然激烈，但能够保持快速增长，亚马逊美国站对于新卖家来说是个不错的选择。因此赵斌选择亚马逊美国站来开启自己的跨境电商事业，接下来他就开始注册亚马逊美国站的账户。

【所需资料】

1. 电子邮箱地址；

2. 个人或者公司的名称、地址、联系方式；

3. 可以支付美元的双币信用卡；

4. 电话号码。

【操作技巧】

1. 点击亚马逊官方网站注册北美站点。

点击亚马逊官方网站 gs. amazon. cn 注册北美站点，在注册过程中，所有的信息都应该用拼音或者英文填写。

图 2-1

2. 填写姓名、邮箱地址、密码，创建新用户。

图 2-2

3. 填写法定名称,并勾选卖家协议。

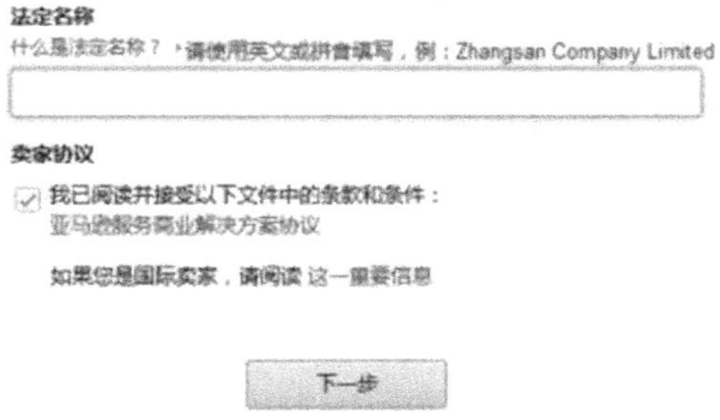

图 2-3

4. 填写地址、卖家名称、联系方式,进行电话/短信认证。

注册者会接到系统打来的电话,需要接起电话,并把电脑中显示的 4 位数字输入手机进行验证,若验证码一致,即认证成功。注意:当系统验证出错时,请尝试用其他语言进行验证或者用短信验证,若 3 次不成功则需等候 1 小时才可重新验证。

图 2-4

5. 填写信用卡卡号、有效期、持卡人姓名、账单地址，设置信用卡。

需要使用可以支付美元的双币信用卡，如 Visa 卡、Master 卡。信用卡主要是用于账户结算，卖家账户余额不足时，系统从信用卡扣除每月月费和其他销售费用。需要检查默认地址是否与信用卡账单地址相同。信用卡的持卡人与账户注册人可以不是同一人。可以使用个人信用卡。

如果收到通知告知注册信息无效，一般是账单地址信息问题、信用卡过期问题。信息填写无误后，系统会尝试对该信用卡进行预授权以验证信用卡的信用额度，因此持卡人会收到发卡行的预授权提醒。信用卡信息在账户注册和运营期间可以更换。如果没有美国的银行账户，则需要注册 Payoneer 卡，然后在银行所在地一栏选择美国。

6. 纳税审核。

美国纳税审核是一个自助的审核过程，它将指导您输入身份信息确认您的账户是否需要缴纳美国相关税费。大部分身份信息会从之前填写的信息中提取出来预先填入，为了尽可能高效地满足美国税务部门的要求，请在审核过程中确保回答所有问题并输入所需的所有信息。中国卖家也必须完成此审核流程才可完成注册流程。具体包括的流程有：

(1)开始税务身份验证；

(2)确认公司或个人的非美国身份；

(3)选择受益人性质；

(4)第一部分有关账户受益人的信息准确无误后点击"保持并继续"；

(5)同意提供电子签名；

(6)退出调查,结束审核。

完成上述步骤后,账户注册完成,可以进入卖家后台进行管理了。

【相关链接】

亚马逊北美开店指南：

https://gs.amazon.cn/north-america.htm/ref＝as_cn_ags_hnav1_na。

问题 4：如何判断亚马逊账户安全？

【问题背景】

账户安全是卖家在 Amazon 平台上销售的根本,在运营过程中要时刻关注账号表现。对于赵斌这样的新手而言,注册完账号之后,他需要立即开始研究卖家账号表现的标准,以便及时避免和预判出账户中存在的一些潜在威胁和不利因素,进而提升店铺的整体指标和客户满意度。

【所需资料】

亚马逊账户注册完成。

【操作技巧】

1. 亚马逊账户表现界面。

卖家可以通过账户后台中"PERFORMANCE"下的"Customer Satisfaction"(客户满意度)查看自己的账户表现(图 2-5)。进入"Customer Satisfaction"页面后,可以看到三个区域,一是 Account Health(账户健康),二是 Seller Rating(卖家评级),三是 Customer Feedback(买家反馈)。

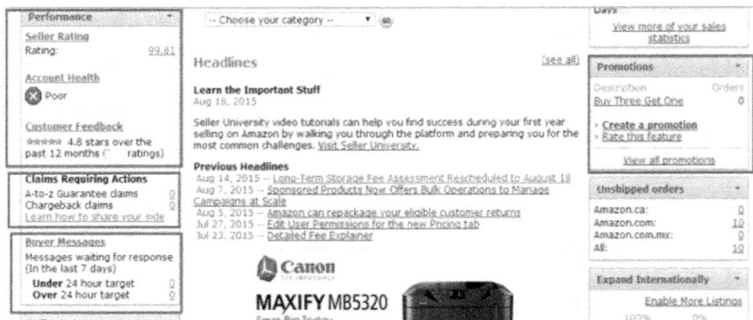

图 2-5

2. 账户健康。

作为亚马逊卖家,要想让自己的店铺保持活跃,就必须让自己账户的各项指标维持在良好的状态。在"Customer Satisfaction"(客户满意度)页面中点击"Account Health"页面(图 2-6),可以见到账户健康指标包括订单缺陷率、订单取消率、订单迟发率、政策违反、准时交货率、有效跟踪率和客服回复时间七大指标。

图 2-6

3. 卖家评级。

卖家评级是根据卖家提供的服务质量做出的一个整体评分,它可以帮助卖家发现自身服务中的缺陷,帮助卖家提高自身客服质量。在"Customer Satisfaction"(客户满意度)页面中点击"Seller Rating"页面,可以查看自己的卖家评价。卖家评级得分在 0—100 分的范围内,0—84.49 分为一般,84.50—96.49 分为好,96.5—98.49 分为非常好,98.5—100 分为优秀。评价标准是订单质量分数,即一年内所有订单得失分的平均数,据以判断卖家账户的表现。如果一个订单自始至终没有出现任何问题,那么这订单就是完美订单,可以得 100 分。

4. 买家反馈。

在"Customer Satisfaction"(客户满意度)页面中点击"Customer Feedback"页面选项卡,可以查看 30 天、90 天、365 天以及账户一直以来累计的各个等级的评价情况。买家可以对每个订单提交一个反馈信息,按照五星评价体系,1 星或 2 星为差评,3 星为中评,4 星或 5 星为好评。

【相关链接】

账户健康指标解析:

http://www.cifnews.com/article/23228。

问题 5：亚马逊首页页面如何解读？

【问题背景】

作为亚马逊的新手卖家，在正式展开销售之前，赵斌要对亚马逊的页面有清楚的认识。他通过搜索发现，亚马逊前端页面简洁、美观，设计人性化，首页没有堆砌太多商品，为消费者营造了一个高质量、安静的购物环境。商品详情页设计富有个性，介绍详细，可以全程自助购物。赵斌决定先了解亚马逊首页页面。

【所需资料】

亚马逊账户注册完成。

【操作技巧】

亚马逊首页非常简单，由搜索栏部分、商品展示区域、服务信息与网站链接三部分组成。我们以美国亚马逊为例：

1. 熟悉亚马逊搜索栏部分。

商品搜索栏部分包括商品分类、账号注册与登录、推广项目、购物车等，如图2-7 所示。

图 2-7

（1）搜索框：可使用关键词搜索商品。

（2）商品类别：买家可按照类别选购商品。

（3）我的 Amazon：可以进入账号后台。

（4）每日优惠：发布当日的特价商品信息。

（5）礼品卡：可以在亚马逊网站上兑付商品或服务的不记名预付卡，各个站点的礼品卡只能在本站点使用，不能跨站点使用。

（6）优惠项目注册：美国亚马逊针对新婚夫妇和家庭有婴童人士的优惠项目，注册后可以享受一定折扣。

（7）我要开店：用户开店注册。

（8）"宝藏卡车"服务：亚马逊"宝藏卡车"上有促销的热门商品，用户可以当场用手机客户端购物，并当场从卡车上取货。

（9）帮助中心：遇到问题后可在此寻求帮助。

（10）账户：账号注册、登录。

（11）Prime 会员：成为会员后可享受免费 2 日送货服务，且没有最低消费要求。

（12）购物车：暂存买家选购的商品，显示商品的最新价格。

2. 熟悉亚马逊商品展示部分。

亚马逊首页的中间部分主要是商品展示，有如下几部分，如图 2-8 所示：

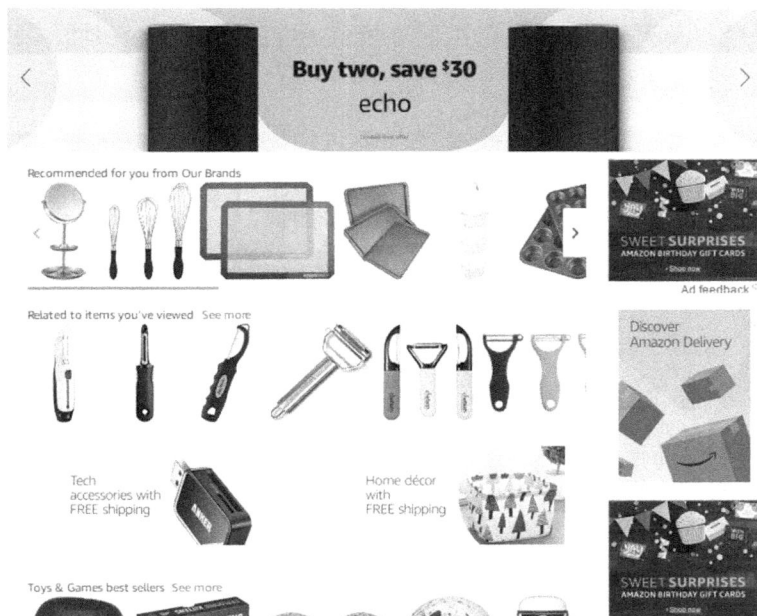

图 2-8

最上方是推广项目，可以看出当前力推的商品。

Recommended for you from Our Brands：从亚马逊品牌中为买家推荐产品。

Related to items you've viewed：根据之前浏览的内容推荐相关产品。

Toys & Games best sellers：最受欢迎的玩具和游戏。

下方还有最受欢迎的图书、服装、鞋类、首饰等。

右侧有商品广告信息、促销信息和热销商品推荐等等。

最下方是根据最近的搜索推荐的相关产品。

3. 熟悉服务信息与网站链接部分。

这一部分在亚马逊首页的底端，如图 2-9 所示，是服务信息部分。1 是指了解我们，2 是指合作信息，3 是指支付产品，4 是帮助中心。

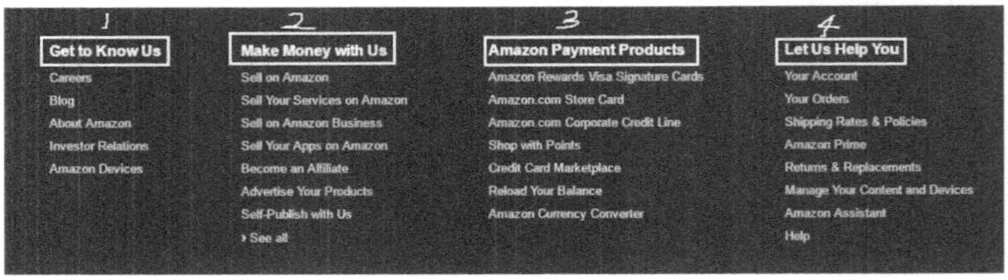

图 2-9

首页最底端是亚马逊站点选择以及其他购物网站链接地址，如图 2-10 所示。

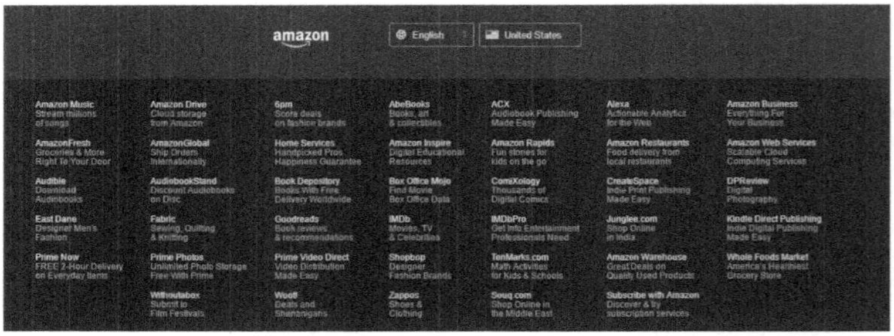

图 2-10

【相关链接】

亚马逊美国站首页：

https://www.amazon.com。

问题 6：亚马逊搜索结果页面如何解读？

【问题背景】

在了解了首页页面后,赵斌想继续了解一款产品的搜索结果页面,以便了解亚马逊带给消费者的购物环境,亚马逊是如何把握消费者的购物习惯的,以及亚马逊平台的商品排序规则。他以一款手机壳为例,开始了解搜索页面。

【所需资料】

亚马逊账户注册完成。

【操作技巧】

在搜索页中输入关键词,单击按钮,即可进入搜索结果页面。系统默认搜索结果按"相关度"(Relevance)排列。我们以"iPhone X case"(iPhoneX 手机壳)为例,得出的搜索结果如图 2-11 所示。

图 2-11

1. 序号 1 代表搜索结果排序方式。

在搜索结果中,商品的排序方式有以下 5 种,用户可以根据自己的偏好进行设定:

● 相关度(Relevance)

● 价格:由低到高(Price:Low to High)

● 价格:由高到低(Price:High to Low)

● 用户评分(Avg. Customer Review)

● 最新上架(Newest Arricals)

2. 序号 2 代表其他筛选条件。

搜索结果页面左侧栏的"其他筛选条件"显示的是与搜索关键词相关的其他一些重要字段。当买家每点击一个筛选项时,会看到原始搜索结果的子集。因此,卖家在创建商品时要尽可能设置更多的与商品相关度高的关键词,以增加商品被搜索到的机会。

3. 序号 3—10 的含义。

分别代表商品标题、商品品牌、商品价格、Prime 会员服务、预计送达时间、运费优惠、商品评论等级、商品特性。

【相关链接】

Amazon Prime 是亚马逊推出的至尊会员服务,买家成为 Prime 会员后可享受任意金额免美国境内运费,以及免费的两个工作日送达服务。加入 Amazon Prime 计划的第三方卖家,其产品可以优先出现在 Buy Box 上,在搜索结果中也排在前面,且享有独特的标志。

问题 7：亚马逊商品详情页面如何解读？

【问题背景】

亚马逊前端的商品详细页面，可以分为共享商品页面和单一卖家商品页面两种。先来分析共享商品页面。在亚马逊平台上，所有销售相同商品的卖家会使用同一个商品详情页面。赵斌选择一款热销的苹果 X 手机壳，来分析共享商品页面。

【所需资料】

亚马逊账户注册完成。

【操作技巧】

1. 商品购物信息。

对于销售同类商品的卖家来说，会共享一个商品详情页面。图 2-12 所示的是一款苹果 X 手机壳的商品详情页面。

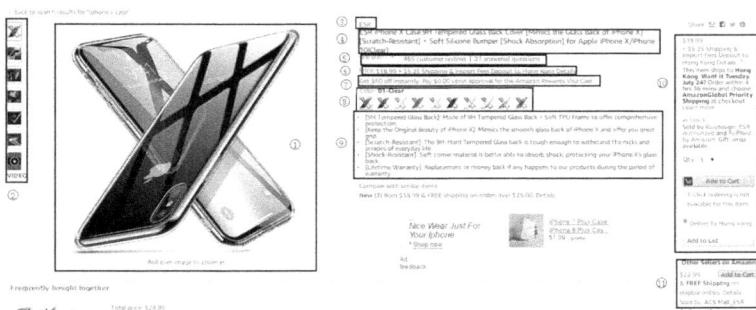

图 2-12

图 2-12 中各序号代表的含义见表 2-1：

表 2-1

序号	代表含义	序号	代表含义
1	商品主图	7	折扣信息
2	商品附图	8	可选颜色
3	商品品牌	9	商品短描述

序号	代表含义	序号	代表含义
4	商品名称	10	购物车
5	买家评论	11	其他卖家价格及信息
6	商品价格与运费		

需要注意的是购物车部分,如果是多位卖家共同分享一个商品页面,只有一个卖家能够最终赢得 Buy Box,其他卖家的商品信息将会显示在 Other Sellers on Amazon 中。要想赢得购物车,首先要成为特色卖家,系统还会考察卖家的绩效、价格和物流等相关因素。

2. 系统推荐。

系统推荐部分主要是系统根据商品做到关联营销,如图 2-13 所示:

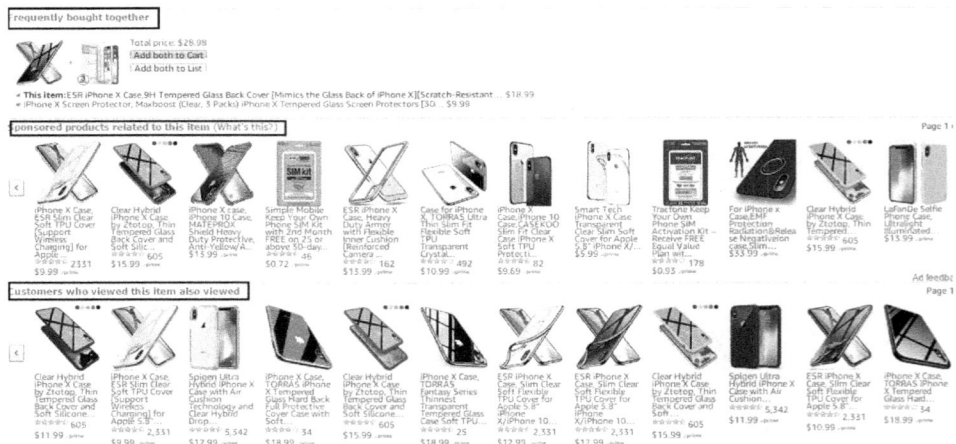

图 2-13

Frequently Bought Together 是指买家可以组合购买的商品,系统会自动统计出购买该商品的顾客还可以组合购买哪些商品。该功能不能由卖家设置,完全由平台自动决定。

Sponsored Products Related To This Item 是指其他同款或类似产品广告。

Customers Who Bought This Item Also Bought 是指购买该商品的顾客还购买了哪些其他商品,卖家可通过该内容研究消费者的浏览习惯和购买习惯,为自己调整商品线、设置合理的促销活动提供参考。

3. 商品详情介绍。

　　商品详情介绍主要包括商品描述、详细参数、商品特点等信息,是为了更加详细地展示商品,让买家对商品有更全面、更深刻的认识,如图 2-14 所示。有的时候还可以加上商品品牌、商品制造特点、商品使用方法等介绍,为买家提供更好的购物体验。

图 2-14

　　4. 顾客体验。

　　顾客体验主要是关于商品的一些互动问答,以及顾客对商品的评价,如图 2-15 所示。

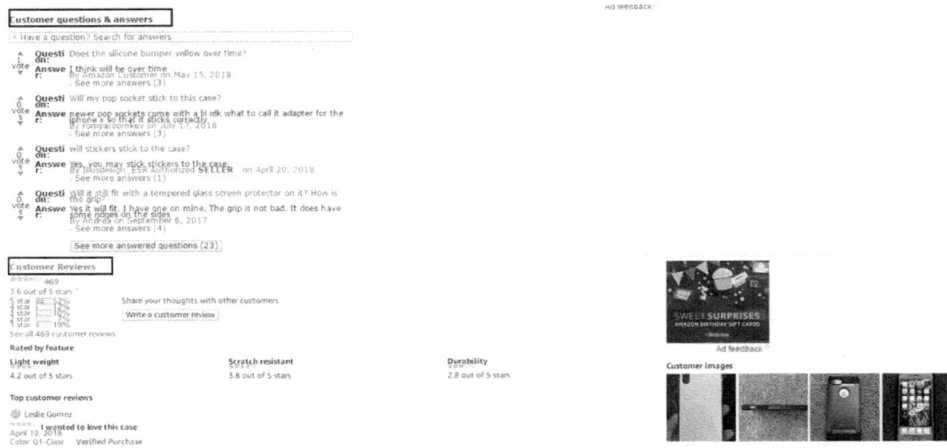

图 2-15

【相关链接】

在详情页下方,还会有一些其他的信息,通常包括:

1. 浏览该页面的买家可能感兴趣的其他商品链接;

2. 购买了该商品的顾客还购买了哪些其他产品;

3. 浏览该品类;

4. 顾客浏览历史。

问题 8：亚马逊后台主页如何解读？

【问题背景】

卖家中心是卖家进行销售的开始，账号设置、商品上架、商品下架以及维权、订单管理、账号安全维护等都需要到卖家中心进行，作为新卖家，赵斌需要熟悉亚马逊卖家后台的具体功能。

【所需资料】

亚马逊账户注册完成。

【操作技巧】

1. 卖家后台主页。

卖家后台的登录网址为 http://sellercentral. amazon. com，输入卖家账号和密码后，即可登录卖家账号后台主页，如图 2-16 所示。为了介绍方便，下面将各个功能区用序号标示出来。

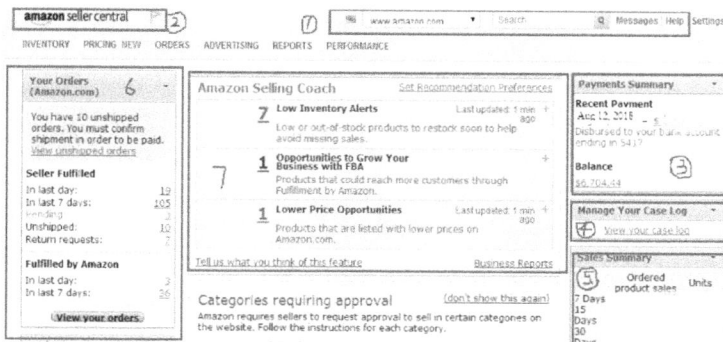

图 2-16

序号①含义——搜索框：可以输入您想了解的关键词查询亚马逊的官方规则和答案。Messages：卖家和客户的邮件来往记录。Help：和搜索框的功能差不多，亚马逊就常见问题做了集合，卖家可以在这里找到针对某一问题的答案或平台给出的参考内容。Setting：亚马逊后台设置按钮。

序号②含义——Amazon Services Seller Central ：后台操作的任何界面点

击此图片就会回到如上图的后台主页灰色的小旗帜。Performance notifications：亚马逊针对你账号状态的重要邮件,如节假日亚马逊官方推出的政策,侵权邮件通知,账户指标出现隐患,账户移除销售权限等。

序号③含义——Recent Payment：如图 2-16 所示,"Aug 12, 2018"是上一个转款周期的转款日,后面的金额是指上个转款周期的金额。Balance：本个转款周期第一天到此时累积的金额(亚马逊转款周期是 14 天)。

序号④含义——Manage Your Case Log：卖家联系亚马逊客服的邮件来往。

序号⑤含义——Sales Summary：最近 7 天/15 天/30 天的产品销售额(不包含运费)和产品销售量。

序号⑥含义——Seller Fulfilled：展示最近 1 天和最近 7 天的订单量,以及现在没有发货的订单数量和客户要求退货的订单量;Pending：Pending Order 状态订单什么操作都无须进行,如果订单 pending 成功那么会自动进入 Unshipped 状态。Fulfilled By Amazon：展示最近 1 天和最近 7 天的 FBA 发货的订单量。

序号⑦含义——Selling Coach：销售警示,可降价产品、已断货和即将断货的产品会在此显示。

图 2-17

序号⑧含义——Seller Rating：卖家店铺的评分。Account Health：卖家账户健康指数。Customer Feedback：最近 12 个月客户评价的平均值和总评价数量。

序号⑨含义——Claims：包含两种 A-TO-Z 和 Chargeback,是指亚马逊平台的纠纷。

序号⑩含义——Buyer Messages：要求卖家 24 小时之内回复。

序号⑪含义——Promotion：卖家所做的促销。

2. 账户后台设置。

在卖家服务中心后台中，主页右上角的"Settings"是关于卖家账号后台设置的相关操作。将鼠标指针置于"Settings"超链接上，可在弹出的下拉菜单中看到账户设置的相关操作，如图 2-18 所示。

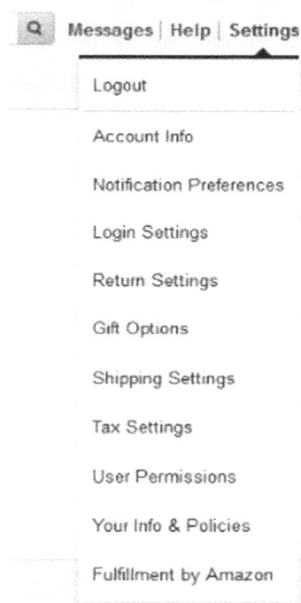

图 2-18

Logout：退出账号；Account Info：账户信息；Notification Preferences：通知偏好；Login Settings：登录设置；Return Settings：退货设置；Gift Options：礼物服务；Shipping Settings：运费设置；Tax Settings：税务设置；User Permissions：用户权限；Your Info & Policies：卖家信息 & 政策；Fulfillment by Amazon：亚马逊发货 FBA。

3. 账户信息设置。

单击"Settings"下拉列表中的"Account Info"选项，可以设置账户的相关信息，如图 2-19 所示。

序号①含义——Listing Status(订单状态)，显示所有商品的状态，Active 表示正常上架状态,Inactive 为下架状态。

序号②含义——Your Services(您的服务),卖家能提供的服务内容,如卖家计划,是否参与 FBA,是否订阅广告活动。

序号③含义——Deposit Methods(收款方式),可以设置收款银行账号,Amazon 向卖家转账的周期为 14 天。Charge Methods(充值方式),设置信用卡信息,用于支付亚马逊平台的相关费用。当亚马逊账号上的余额不足以支付亚马逊平台费时,会从绑定的信用卡上扣除。

序号④含义——Business Information(公司信息),设置公司地址(Business Address)、公司名称(Legal Entity)、商业执照(Merchant Token)等信息。

序号⑤含义——Shipping and Returns Information(运费和退货信息),用于设置运费和退货地址。

序号⑥含义——Tax Information(税务信息),设置墨西哥税务登记号(RF-CID)、欧洲增值税信息(European VAT Information)。

序号⑦含义——FAQ(常见问题解答),为卖家解答销售过程中遇到的常见问题。

序号⑧含义——Related Links(相关链接),关于账户操作的其他操作链接,如通知偏好、登录设置以及用户设置等。

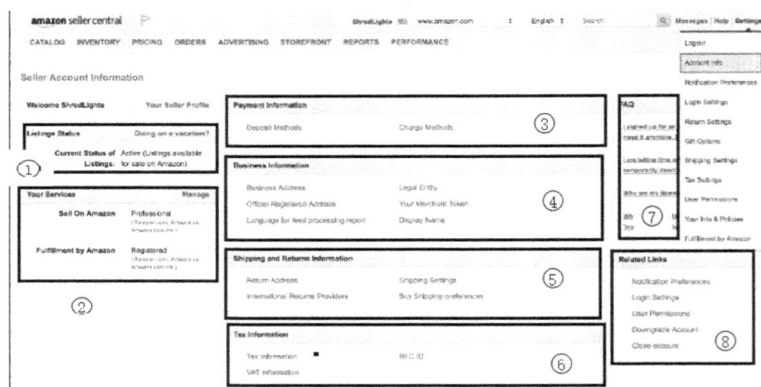

图 2-19

问题 9：什么是亚马逊 FBA？

【问题背景】

选择在网络平台开展外贸业务,省事、省时、省力的国际物流方式能为卖家解决不少烦恼,赵斌听朋友说,亚马逊 FBA 对于新手卖家而言是一个不错的选择,不仅能够帮助卖家处理从产品销售到产品售后所有环节中的各种事项,还能以专业的服务帮助卖家提高商品销量,是亚马逊推广新品、提高销量、抢占黄金购物车的一个好方法,所以很多在亚马逊开店的卖家都会选择发 FBA。赵斌决定详细了解什么是 FBA。

【所需资料】

亚马逊账户注册完成。

【操作技巧】

1. FBA 概念。

FBA 全称是 Fullfillment By Amazon,即亚马逊物流,它能帮助卖家处理客户服务等日常琐事,参加 FBA 的卖家可以将其库存中的部分产品或者全部产品运送到亚马逊仓库中,由亚马逊代理销售,并负责产品的配送与相关客户服务,同时也支持退货服务。

2. FBA 头程服务。

帮助使用亚马逊全球开店项目 FBA 服务的卖家,通过空运/快递/海运等运输方式将卖家的货物从中国转运到德国、美国、法国、英国、日本等国家指定的亚马逊仓库,并提供相应的增值服务。简单来说,头程是指从起运地派送到亚马逊 FBA 的仓库,从亚马逊 FBA 的仓库派送到客户手上可以称为二程派送。

3. FBA 的操作流程。

FBA 是由亚马逊提供的包括仓储、拣货打包、派送、收款、客服与退货处理的一条龙服务,主要流程如图 2-20 所示:

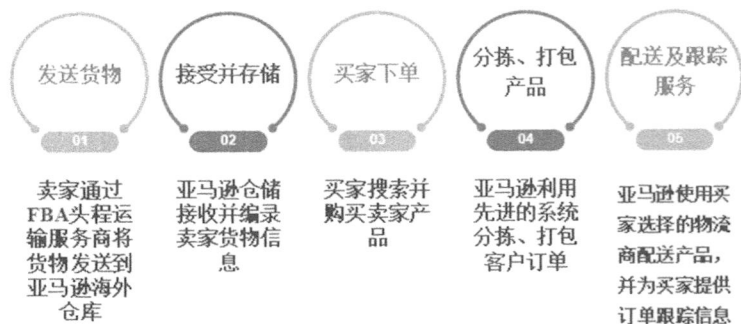

图 2-20

在选择头程运输物流商时,最好选择 FBA 合作商,如 DHL、UPS、FedEx、UFPS 四家物流商,不用与亚马逊仓库预约即可入仓。

【相关链接】

亚马逊物流服务首页:

https://gs.amazon.cn/fba.html。

问题 10：如何选品？

【问题背景】

选品对于跨境电商而言,非常重要,因为选品决定了卖什么,也决定将来要面对的目标客户群、竞争对手、产品成本和经营利润。了解了亚马逊的前后台之后,赵斌需要思考选择什么样的产品进行跨境出口。

【所需资料】

亚马逊账户注册完成。

【操作技巧】

1. 利用数据开展市场调研。

卖家要充分利用数据调研工具,利用数据分析工具做好市场调研。首先使用 Amazon 官方工具,比如 Best Sellers、Hot New Releases、Movers & Shakers、Top Rated、Most Wished、Gift Ideas 等。Best Sellers 可以帮助卖家了解一些热卖产品的信息,大类产品参考性不强,一般重点参考的是细分类目下的产品排名,如图 2-21 所示,比如,我们要研究相机和相片周边产品,应点击图左侧的 Electronics 类目下的 Camera & Photo,着重研究排前 100 名产品的信息,如款式、标题和价格。

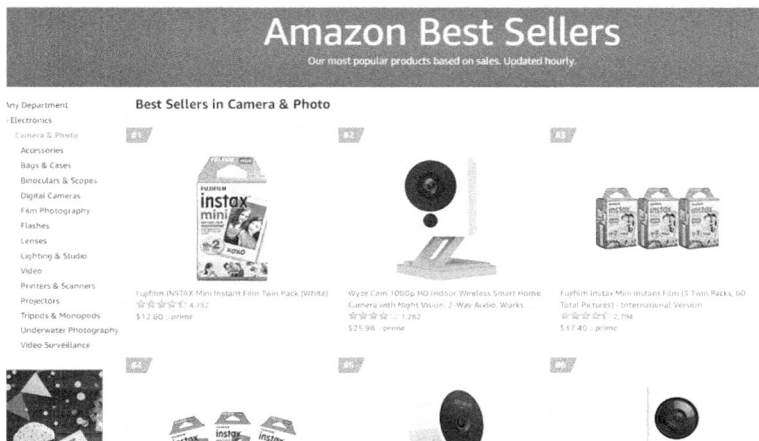

图 2-21

除此之外,可以用第三方工具如 Trendsamazon,卖家可以登录官方网站 http://www.trendsamazon.com 进行订阅。Trendsamazon 利用数据统计技术收集并整理产品信息,形成数据报告,每五天更新一次,是亚马逊最及时、最准确的市场调研报告。

2. 亚马逊选品策略。

产品要适合自身情况。尽量选择自己熟悉的行业,结合自身情况选择销售的产品,要对该产品足够了解,在质量和产品价格上有足够的优势。

尽可能选择上游货源。不要盲目在 B2B 平台询价和进货,B2B 平台也会存在各级代理商,要尽可能拿到一手货源,这样在后期销售中才会有价格优势。

销售的产品应该有价格梯度,尽可能吸引不同消费能力的消费者。

成熟的亚马逊店铺应该包括爆款产品、主流产品和利润产品。

3. 爆款产品思路。

新手卖家常规的思维是打造爆款,那些在平台上卖得好的"爆品"都可以成为选择的对象。亚马逊平台的 Best Seller 页面和 Most Wish For 中都隐藏着卖家需要的"信息",应在这些"爆品"中寻找销量佳,且还有发展空间的产品。除此之外,关注爆款还可以从谷歌趋势上探寻热点不断上升的产品,以及从站外平台,比如 Facebook、Twitter、Instagram 这些视频网站上发现"新爆品",注意明星效应、网红效应、社交媒体上的照片和视频常常会触发很多爆品。不妨观察这些产品的 review,特别注意中评差评,卖家可以抓住机会弥补缺点,这样在爆品的基础上再加以优化定能达到良好的效果。

4. 深耕产品思路。

深耕思维适合自建工厂或者工厂资源的拥有者,工厂卖家经营品类单一,但充分掌握产品制造技术、成本和原材料资源。他们对产品的了解比较专业,具有深耕品类的条件。亚马逊关注单品而并非关注店铺,平台希望卖家为消费者带来优质产品的基础上再优化店铺的经营。工厂卖家即使产品单一,但是在质量把控和实时优化调整上,可以不断满足要求产品更全面的消费者。

【相关链接】

亚马逊网站选品论坛:

http://www.cifnews.com/amazon/Selection。

问题 11：如何发布产品？

【问题背景】

赵斌经过系列市场调研,结合自身的实际情况,他最终选择的品类为母婴用品。接下来他开始准备上传产品,亚马逊产品发布是指通过卖家后台将产品信息发布为出售状态,这样才会让买家在前端页面通过图片和文字了解自己的产品,进而产生成交。上传产品是赵斌运营亚马逊店铺最基本的步骤。

【所需资料】

选择好品类,产品通过分类审核,整理好产品相关信息,如规范的商品名称、纯白背景的高质量图片、详细的商品介绍和重要属性的信息等。

【操作技巧】

1. 产品分类审核。

为了保证亚马逊对顾客的服务质量,亚马逊官方规定了卖家在添加某些分类的产品时必须经过亚马逊官方的允许。这就是我们所说的 Categories Requiring Approval,也就是分类审核。可以在雨果网查询"亚马逊分类审核申请指南",了解哪些产品需要通过分类审核才能上架。

如图 2-22,在亚马逊后台主页点击 Help—搜索 approval—点击 Categories and Products Requiring Approval—选择类目。如选择鞋类、手提包、太阳镜这个类目,进入该类目分类审核的要求界面,可以自己看一下要求,好让自己的分类审核更顺利地通过。看完以上的要求后点击"request approval"开始进入申请,申请页面需要根据自身情况回答页面中提出的问题,问题回答完之后点击"继续查看图片要求",之后进入提交申请页面,填写邮箱地址、预计年销售额和公司简介,点击"Submit application"。

提交了申请之后将会在注册邮箱里收到一封邮件,告知申请已收到,会在24 小时内回复。同时,后台也将会产生一个相关产品分类审核的 case。如果图片审核合格,邮件会告知开通了鞋类、手提包、太阳镜这个类目的刊登权限,如果图片审核不合格的话,就要及时修改,修改成功后才能开通审核权限。

图 2-22

2. 创建新产品。

(1)进入卖家后台，点击屏幕左上角"INVENTORY"下面的"Add a Product"，如图 2-23 所示。

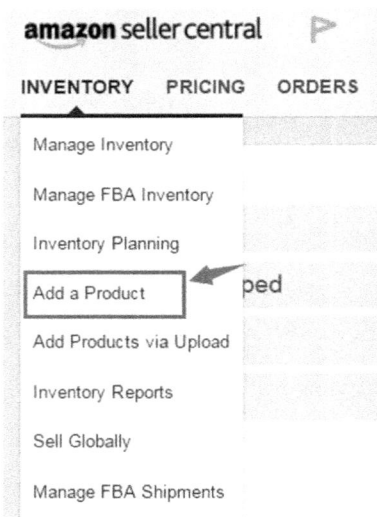

图 2-23

(2)单击"Create a new product Listing"(创建一个新的产品 Listing)超链

接,如图 2-24。

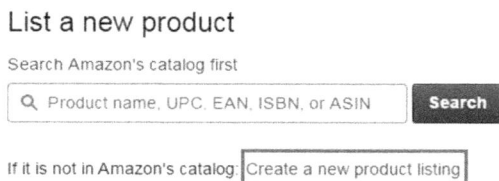

图 2-24

(3)在列表中选择商品详细品类,在搜索框里输入关键字可以搜索品类,点击 Select 确认品类。在此可以选择 Baby Products＞Bags＞Diaper Tote Bags,然后点击"Select"按钮,如图 2-25 所示。

图 2-25

如果没有看到你的品类,可能是因为该品类的销售需要审核或受限。你可以点击"Learn more"获取更多信息。

(4)输入重要的商品信息,完成 Listing 的编辑。如图 2-26 所示,有星号标记的为必填项,提供所有必填的商品信息非常重要,其中包括:规范的商品名称、纯白背景的高质量图片、详细的商品介绍和重要属性。如果没有提供必要的商品数据,可能导致你的商品收到质量警告,或被禁售。确认所有标志为红星的信息都填上以后屏幕下方的"Save and finish"按钮会由灰色变成橘黄色,点击"Save and finish"创建商品。

保存大约 30 分钟后,商品信息会展示到亚马逊前台和您的管理库存页面上,添加成功后会在 Manage Inventory 页面出现该商品。

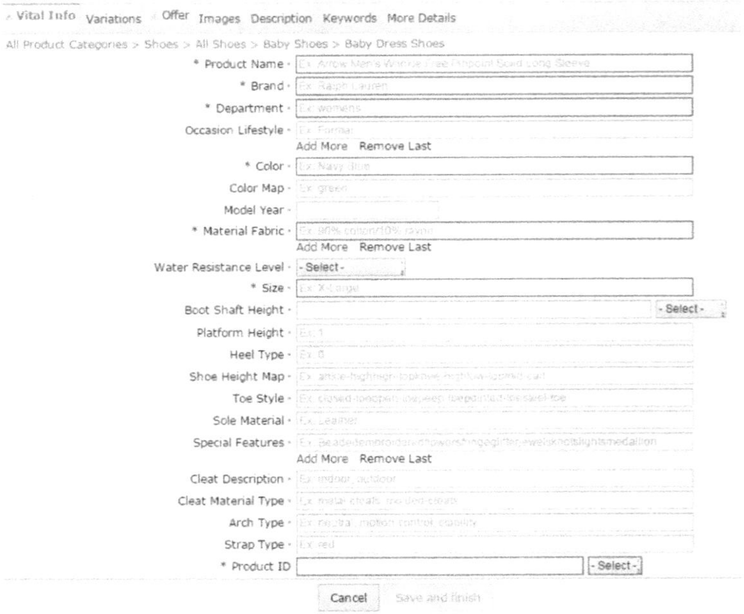

图 2-26

（5）完成产品报价，如 Seller SKU（最小存货单位），这个编码只有卖家可以看见，为了方便之后的库存管理，建议填写产品信息时就编写。还有产品的价格、库存数量、产品新旧程度等信息。

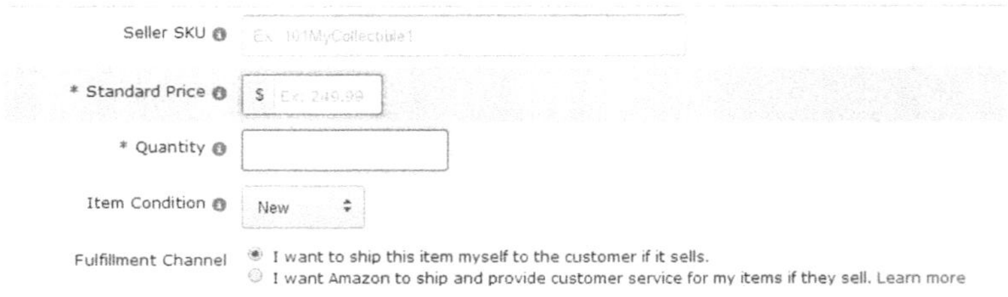

图 2-27

（6）上传产品图片。产品图片包括主图和附图，点击"选择文件"按钮即可上传图片。亚马逊上传产品图片分主图和辅图。主图 1 张，辅图 8 张。但在产品页面直接展示的只有 6 张，其余 2 张需要点击图片界面查看。

（7）填写产品描述（Product Description）时，可以用一些 HTLM 代码帮助分行，加粗。其中，产品特点（Bullet Point）非常重要，要注意排序，最重要的对买家最有利的信息，要放到最前面。要简洁，尽量每个卖点在 2 行字以内完成。每句话前面可以用 1—2 个词简要突出概括这个卖点,带数据尤佳。在"Bullet Point"5 点中,最好是自然地穿插 2 个核心关键词在里面,有助于 SEO。

(8)设置产品关键词。该步骤最重要的是搜索关键词,信息填完后即可继续。

(9)可在更多详情中设置产品信息,也可以不填。

所有信息填完后,单击页面底端的"Save and Finish"即可。产品上传成功后,卖家可以在 INVENTORY＞Manage Inventory 中查看。

【相关链接】

如何在亚马逊发布新产品视频:

https://v. youku. com/v_show/id_XMTU4NDU5MzY1Mg＝＝. html? ld ＝NSBaidu。

问题 12：如何设置关键词？

【问题背景】

对于新产品 Listing，关键词永远是最重要的影响因素，直接决定买家搜索流量来源。搜索关键词是买家寻找商品常用的一种方法，高品质的关键词能够帮助卖家快速提高曝光率，进而提升转化率，提升销量。赵斌在产品发布过程中，需要选好关键词，以获得免费流量。关键词的选取需要借助关键词工具，目前很多网站如谷歌、雅虎等都有自己的关键词工具。通过比较，赵斌选择了 Google 关键词工具，为自己的产品选择关键词。

【所需资料】

能够登录 Google 网站，注册好 Google 账号。

【操作技巧】

1. 创建 Google 账户。

Google 是一款非常实用的工具，只要注册一组用户名和密码，就可以使用 Google 所有的服务，如搜索引擎、邮箱等。

2. 登录 Google AdWords 首页。

Google AdWords 提供的关键字规划师工具是一款寻找关键词的工具，无论是做广告还是 SEO 都可以用它来寻找关键词，功能强大齐全而且关键还是免费的，无论是经验丰富的老手还是新手都用得上。

登录 Google Adwords 首页，选择"工具"选项卡，在下拉菜单中可以找到关键字规划师，在列表中选择"使用某个词组、网站或类别搜索新关键字"选项。

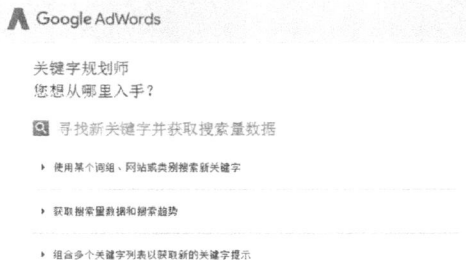

图 2-28

3. 手工设置搜索条件。

包括关键词、着陆页、产品类别、定位、日期选择和自定义搜索条件等，然后点击"获取参考提示"按钮，如图 2-29 所示。

图 2-29

4. 查看搜索结果。

搜索结果页如图 2-30 所示，系统默认按"广告组参考提示"显示搜索结果，也可以选择"关键词参考提示"。左边这些功能是用来对结果进行调整的，比如说你发现搜索结果中出现的关键词指数太低了，可以通过设置最低搜索量来限制低指数关键词的呈现。

图 2-30

5. 预测关键词效果。

因为 GKP 本来就是专门为 Google AdWords 用户打造的,免费给我们使用已经很不错了,想要查看关键词的详细指数,就必须花钱做谷歌广告才行,不过这里我们还是有办法获得更精确一些的搜索量数据。以图 2-31 为例,我们想要对一个词进行精确一些的指数观察,并开展广告预测分析,我们可以点击右侧的＞＞按钮,就可以将其添加到"草案"中,这样系统会根据出价范围给出每日点击次数、每日费用等,如图 2-32 所示。

Keyword (by relevance)	Avg. monthly searches ?	Competition ?	Suggested bid ?	Ad impr.	Add to plan
espresso	10K – 100K	Low	$6.80		»
coffee roaster	10K – 100K	High	$0.75		»
coffee bean	10K – 100K	Low	$2.23		»
fair trade coffee	1K – 10K	Medium	$2.83		»

图 2-31

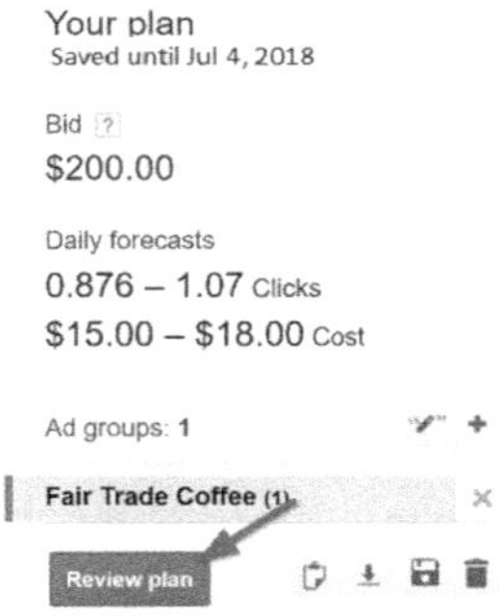

Your plan
Saved until Jul 4, 2018

Bid ?
$200.00

Daily forecasts
0.876 – 1.07 Clicks
$15.00 – $18.00 Cost

Ad groups: 1

Fair Trade Coffee (1)   ×

Review plan

图 2-32

6. 关键词设置技巧。

虽然可以在后台为商品设置多个关键词,但通常一件商品的有效关键词只有 10 个左右,关键词设置不在于多,而在于精准。一般而言,亚马逊关键词应该包括品牌、描述、材质、颜色、尺寸和数量。需注意以下几点:

不要重复叠加关键词,叠加的关键词不会增加被搜到的概率;

要使用单独的单词,不要用短语,否则只有买家输入的关键词与短语一模一样才能被搜到;

不要使用与产品无关的关键词,否则很容易产生不符纠纷,导致商品被删掉;

拼写不能有错误;

要按照通常的拼写规则去排列关键词;

不使用买家不明白的专业缩写。

【相关链接】

关键词获取渠道:

1. Amazon 搜索框提示关键词——亚马逊的关键词搜索框下拉框可以带出来很多长尾词,这些词都是买家搜索比较多的词,基本 Amazon 站内搜索框提示相关关键词,目前来说足够获取产品关键词。

2. 参考同行产品 Listing——用核心关键词搜索之后,把销量和评分相对较好的 Listing 标题,复制在 excel 表格中,就 5—10 条 Listing。通过直观对比就会发现,哪些是最重要的信息,哪些是产品核心关键词。

3. 多平台搜集关键词——除了从亚马逊站内搜索框提示之外,可以跨平台搜集关键词,比如常见主流平台 Ebay、速卖通等。

4. 关键词查询工具——常见的关键词查询工具除了 Google Adwords,还包括:

Keywordtool:https://keywordtool.io

Merchantwords:https://www.merchantwords.com

声呐:http://sonar-tool.com/zh

紫鸟:http://www.ziniao.com

Long Tail Pro:https://longtailpro.com

Fanzle:http://www.fanzle.com

SeoChat:http://tools.seochat.com

亚马逊船长:http://www.amzcaptain.com

易麦宝:http://www.91ymb.com

问题 13：如何做到满分亚马逊 Listing?

【问题背景】

什么是亚马逊 Listing? 简单来说,Listing 就是一个产品页面,一件商品一个页面。对于赵斌这样的新手卖家,在挑选出合适的产品,创建完产品 Listing 之后就什么也不用做了吗? 事实并非如此。亚马逊有其特定的算法,用来抓取最完美的 listing。而 listing 页面如何整合完全取决于你。因此,Listing 创建好后,需要持续进行优化,以便亚马逊搜索引擎抓取到产品页面,进而提升转化率和销售额。作为新手卖家多花些时间去优化 Listing 是非常值得做的一件事。

【所需资料】

创建好基础的产品 Listing。

【操作技巧】

1. 了解亚马逊产品 Listing 构成。

亚马逊产品 Listing 包含 6 大要素,即:产品标题,产品图片,产品主要功能、特征,产品描述,产品评论,产品评级。卖家们遵循 Listing 中每一个要素的优化要点进行操作,提升 Listing 排名应该不会有太大的问题。

2. 对现有产品 Listing 进行评分。

在对上述六大要素进行优化之前,先对现有产品 Listing 进行评分。可以用 Jungle Scout Product Listing Grader(免费,网址:https://www.junglescout.com/)评分。如图 2-33 所示,这个网站从产品标题、产品图片、产品主要功能及特征、产品描述、产品评论、产品评级等六个方面对 Listing 进行评估和打分。

图 2-33

3. 优化标题。

大多数类别的产品标题最多可添加 250 个字符,部分类别的产品标题长短限制有所差异,应好好利用现有的字符数。

标题的撰写是给买家看的,确保买家看到标题时就想点击进入产品页面。

标题中要展示商品的优点或者与众不同的关键要素。

标题中要添加相关的目标关键词,关键词对搜索排名有很大的影响。

4. 优化产品图片。

人们越来越倾向视觉感受,产品图像直接影响消费者对产品的第一印象,所以好的产品图片效果至关重要。每个 Listing 最多可以上传 9 张图片(包括主图),确保你上传满 9 张图片。

(1) 亚马逊图片像素必须为 1000×1000,满足条件的图片具有缩放功能,方便买家查看商品细节;

(2) 请专业摄影师或购置专业摄影器材,保证图像的高分辨率;

(3) 主图的背景必须是纯白色(亚马逊搜索和产品详情界面也是纯白的,纯白的 RGB 值是 255,255,255),确保顾客的注意力放在产品上;

(4) 主图中的产品最好是占据图片大约 85% 的空间;

(5) 辅图最好也是和主图一样是纯白的背景,要从不同角度展示产品,可以聚焦展示产品细节,呈现产品的功能卖点、结构外观、使用场景及包装或情境图;

(6) 拍摄一些产品使用照,有助于客户进行视觉模拟感受;

(7) 卖家要尽量使图片富有创意。

5. 产品主要功能、特征。

这部分主要是将没能放进标题的要点放进来,一般为 5 个或更多的产品功能、特征,限制在 1000 个字符内。在填写时应注意以下几点:

(1)换位思考,去研究顾客想了解什么,紧抓客户心理、购物的动机,产品的材质、用途、优势等;

(2)列表按照重要性从高到低排列;

(3)添加顾客的常见问题,并保持随时更新;

(4)展示你能为客户提供的所有保证。

6. 产品描述。

这部分有 2000 字符来对产品进行描述,确保使用所有字符空间。你可以详细说明上文提及的所有产品特性、产品的与众不同之处等。任何网络内容都要

确保文字简单易读,产品描述也不例外,在填写时应注意以下几点:

(1) 句子不要太长,保持在 15—25 个词之间,文笔流畅,结构、语法、用词准确、专业;

(2) 主要讨论产品的功能和客户将获得的好处,再讨论产品本身,让客人相信你的产品是他们所需要的;

(3) 口头语言比僵硬的书面语更让客户觉得可靠;

(4) 可以使用目标关键字,但不要盲目填充,会让内容变得难以理解;

(5) 增加图片展示,对产品进行多角度、高清晰度的展示。

7. 产品评论。

产品评论之所以重要,不只因为其在亚马逊的算法中占有的比重大,更因为产品评论是向你的潜在客户证明产品的最有力证据,给予潜在客户购买产品的信心。基于亚马逊禁止"激励评价"的政策,要注意以下几点:

(1)不要通过折扣或免费的产品来换取评论;

(2)不要要求买家只留下积极的评价,也不要诱导顾客不写差评;

(3)不要建议顾客如何留下评论;

(4)不要给购物者发送垃圾内容;

(5)不要请求朋友、家人、职员或请来的大 V 为你写评论;

(6)销售打折产品时,谨慎注意回复给消费者的邮件内容。

使用自动发送电子邮件的软件,以个人的名义向客户发送信息,最好是买家收到商品之后马上发送邮件,鼓励他们对你的产品给予反馈,发布产品评论。将你与顾客的互动专注在如何提高客服水平上,而不是请求他们提供反馈或产品评论。

8. 产品评级。

获得产品评论很重要,这对产品评级的提升有很大的推动作用。如果你的评级是 4 星或 5 星,说明你做得很好。但如果你的产品评级相对较低,你需要采取行动了。

首先分析差评的产品不足之处,修复不足之处。及时给客户发送电子邮件,收集客户意见,了解客户想法,争取客户在产品页面留下差评前,解决问题。积累评论,争取获得足够的好评来平衡、提高整体评级。

9. 关键词排名。

优化 Listing 的过程中,了解目标关键词的排名是非常重要的。只需在搜索框中直接输入产品号 ASIN 和关键词,就能发现亚马逊是否在为该关键词排名。如果没有,回到产品 Listing 中,看看你是否使用了该关键字,检查关键字的拼写、标点符号是否存在错误。

最后可以通过对比测试,可以验证 Listing 里的每一个元素,持续优化Listing。

【相关链接】

亚马逊 Listing 优化教程:

http://www.cifnews.com/article/32291。

问题 14：亚马逊平台可以移除差评吗？

【问题背景】

经过一段时间的努力，赵斌的店铺进入了正轨。可惜由于缺乏经验，他还是不小心中招了，某款产品得到了一个负面评价，这可急坏了他。要知道负面评价会降低卖家赢得黄金购物车（Buy Box）的可能性，可能导致亚马逊取消销售权限，甚至中评也会对卖家销售造成损害。赵斌需要想办法去解决这个问题。幸运的是，亚马逊卖家能够对负面反馈进行处理。

【所需资料】

较为成熟的店铺，且已经产生商品评价。

【操作技巧】

1. 如果买家差评违反了亚马逊的规定，可以向亚马逊申请移除。

有些不符合亚马逊平台规定的差评是可以申请亚马逊移除，这样可以保持较高的卖家评级。不符合亚马逊规定的评价主要有以下几种：

（1）全部内容都是关于产品，没有提到卖家的服务。亚马逊允许买家在产品页面撰写产品评价，无须在反馈页面再次进行产品评价。

（2）包含促销信息，包括其他卖家的店铺链接、评论等，都被视为不当评价。

（3）包含淫秽或辱骂性的言语。

（4）包含如邮箱地址、电话号码和姓名等个人信息。

（5）由 FBA 引起的物流问题，亚马逊不会帮你将差评移除，但是会帮你划掉差评，然后写一行字：This item was fulfilled by Amazon, and we take responsibility for this fulfillment experience。

2. 如果负面反馈不满足亚马逊移除条件，请买家移除。

收到不满足亚马逊移除条件的差评时，卖家要积极主动地与买家沟通。因为买家有权利移除所给出的卖家评价。如果你与买家联系，了解给卖家留差评的原因，礼貌地请求他们移除差评，他们可能会改变主意。

（1）注意买家评价的时间。买家给出评价后，有 60 天的移除评价期限。如果拖了一段时间才接触到买家，可能会错过可移除期限。

（2）为自己给买家造成的不便道歉，向买家表达清楚你的歉意，积极解决买家的问题。

（3）注意不要试图通过向买家提供退款，请求移除差评，这明显违反亚马逊的规定，可能导致你的卖家账户被暂停。亚马逊希望卖家能花时间解决问题，而不是通过退款了事。

（4）不要在买家发表差评后，立即要求删除。首先，你应该向买家传递你的歉意和解决问题的诚意。如果你立即要求删除差评，只会给买家留下你只是为了删除差评，而不是真心想来解决问题的印象。在这种情况下，买家是不会愿意删除差评的。

3. 联系买家处理差评。

首先，进入"Feedback Manager"（反馈处理）页面，向下滚动，单击"View Current Feedback"（查看当前反馈）；找到你要处理的买家评论，然后单击"Resolve"（处理）按钮，跳转到"Resolving Negative Feedback"（差评处理）页面；点击黄色"Contact Customer"（联系客户）按钮；从下拉菜单中选择一个主题，输入消息；如果你需要添加收据、文件等，点击"Add Attachment"添加附件按钮。点击"Send Email"（发送电子邮件），将信息发送给买家。如果买家回复你的消息，但问题并没有得到解决，你需要更用心地与买家沟通。因为一旦问题得到解决，买家就会回到你的身边，你就能够礼貌地请求买家删除反馈。

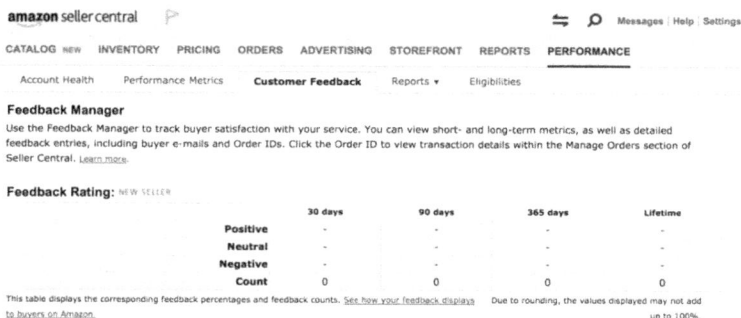

图 2-34

4. 指导买家删除差评。

如果买家同意移除差评，需要积极地引导他们如何操作，可以让买家按照以下步骤操作：首先，登录买家账号，查看"Your Submitted Feedback"（你给出的反馈）页面，如图 2-35 所示。找到订单，点击"View Order Details"（查看订单详情），勾选移除评价的原因，再点击选择"Remove"（移除）即可。

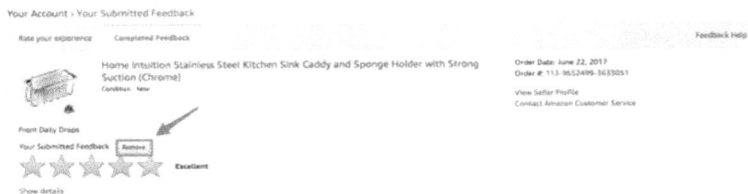

图 2-35

5. 如果买方没有删除差评，可以直接在评论下方给出回应。

如果一而再再而三地向买家发送信息，但什么回复都没收到。在这样的情况下，你的差评无法通过亚马逊或买家移除，那么最好的做法是在买家差评下方直接给出回复。这样，看到差评的其他买家也能看到你为解决问题付出的努力。要确保回复具有专业的水准，简明扼要。为树立你的专业形象，不需要在回复中提及太多细节。因为回复的主要读者是其他买家，他们并不了解订单详情。例如"很抱歉，我们的服务没能让您满意，我们已经进行了改进，以确保不再发生同类事件"。避免使用讽刺性或冒失话语。这可能给其他买家留下你不关心顾客感受的印象，导致你丧失部分潜在客户。

【相关链接】

差评会不会将卖家推入绝境？

拥有优良的卖家评级是亚马逊买家获得成功的关键。但这并不等于，卖家得到了差评就注定失败。卖家得到差评时，首先要查看评价是否违背了亚马逊的评价规则。如果没有，要积极与买家联系协商，争取让买家主动移除差评。同时，作为卖家得到差评时，要进行反思，这些差评能够帮你发现一些你不曾注意的问题，改善你的服务，以便吸引更多的潜在客户。

问题 15：如何保护品牌不被跟卖？

【问题背景】

赵斌辛辛苦苦创建了自己产品的 Listing，经营一段时间之后，他发现有一款热销产品的 Listing，被别的卖家增加了自链接，并且设定了较低的价格，增加了他们的曝光及流量。赵斌非常生气，他积极寻找解决问题的办法。

【所需资料】

较为成熟的店铺，拥有自主品牌。

【操作技巧】

1. 什么叫跟卖？

赵斌遇到的问题就是跟卖。跟卖就是其他卖家创建了产品页面，而你也在这个页面卖东西。比如：甲创建了一个产品页面，这个产品页面是共享的，大家都可以在这个页面下卖东西。乙也来到这个页面出售同样的商品，甚至还有丙、丁等等。其他卖家只需要改个商品价格即可出售同样的产品。甲之外的其他跟卖卖家不需要自己编辑产品文字内容及图片即可出售产品，这就是亚马逊跟卖规则。亚马逊设立跟卖规则初衷是鼓励同一个品牌的不同代理商进行价格竞争，让利消费者，增加亚马逊平台吸引力。很多新手小卖家很懒，甚至英语不好，跟卖又不需要自己创建产品页，就为了眼前利益跟卖。

2. 创建自己的 Listing。

自建 Listing 可以防止别人跟卖，保持我们的利润的空间，防止别人篡改 Listing 里面的内容。如何创建 Listing 我们在问题 13 里已经讲过，此处不再赘述。

3. 品牌注册。

可通过代理公司注册，注册完了就可以到亚马逊上面备案。注册完之后，会收到一份受理书，可以拿着受理书在亚马逊上提交相关资料以完成备案。在备案的时候，还需要提供企业网站、网站后缀的电子邮箱、产品的图片（带有品牌 Logo）。

4. 品牌登记。

准备好商品注册受理书、企业网站、以网站为后缀的电子邮箱、两张产品的图片,提交亚马逊后就可以在 48 小时内登记,完成后就可以拿到一个叫 GCID 的码,拿到这个码之后品牌就会受到保护。

5. 向卖家发出警告。

赵斌目前已经是受亚马逊保护的品牌商了,他接下来需要处理跟卖问题。首先他打算私下解决,向几家跟卖的卖家发出了警告,要求对方移除跟卖的 Listing。部分卖家很快听从了劝告,移除了 Listing。但是还有个别卖家并没有听从警告,比较顽固,赵斌打算向亚马逊投诉。

6. 向亚马逊举报。

赵斌首先利用测试购买的方式检举跟卖者,他通过买家的身份购买此产品,并将收到的产品拍照。随后他在亚马逊后台中联系平台,选择"Report a violation",在报告中说明了其他卖家违规的情况,且提供了违规产品的照片以及仿冒品与自己正品的不同之处和卖家的 ID,并留下联系邮箱,等待亚马逊官方的处理。

【相关链接】

品牌登记需要准备的资料:

1. 自有品牌:商标注册受理书或者品牌授权书(提供模板)。

2. 品牌官网:品牌等级的条件。

3. 官网域名为后缀的企业邮箱。

4. 展示品牌 Logo 的产品图片(不能只是包括 Logo 徽标,还需其他更多的产品细节)。

5. 展示品牌 Logo 的产品包装图片。如果你要注册的产品属于美容类、个护健康或食物分类,就需要再上传一张品牌产品的包装图画。

第三章　eBay 平台

问题 1：eBay 是什么？

【问题背景】

张玲作为一名家庭主妇,平时最大的爱好就是做手工,比如手工皮包、手工服装、手编玩偶等,做完之后会送给她的朋友们。一次偶然的机会,她的朋友建议她将这些制作精良、极富个性的手工制品放在跨境电商平台上售卖。朋友告诉她,eBay 平台是一个可以让全球民众在网上进行商品出售、商品拍卖和购物的网站。张玲准备尝试在该平台上出售自己的手工制品。首先她要了解一下eBay 平台。

【所需资料】

通过文献查阅、网络搜索等方法,查询 eBay 平台相关信息。

【操作技巧】

1. 了解 eBay 平台。

eBay 集团于 1995 年 9 月成立于美国加州硅谷,是全球商务和支付行业的领跑者。eBay 集团的业务包括三大板块:在线交易平台 eBay、在线支付工具PayPal 以及为全球企业提供零售渠道和数字营销便利的 eBay Enterprise。其中在线交易平台 eBay 是一个面向全球消费者的线上购物以及拍卖网站,eBay2017 年总商品交易额为 884 亿美元,净营收为 95.67 亿美元,比 2016 年的89.79 亿美元增长 7%。eBay 注册免费,收费较低,客户群大,全球 40 个国家的本地站点,覆盖了 160 个国家的 3.38 亿注册用户和 2.76 亿在线客户。

2. eBay 平台销售方式。

eBay 为卖家提供了 3 种刊登商品的方式,分别是拍卖方式、一口价方式、拍卖＋一口价综合方式。拍卖方式是 eBay 卖家常用的销售方式,通过竞拍的方式销售,价高者得。一口价方式就是以定价的方式来刊登物品,这种销售方式能够方便买家快捷地购买商品。拍卖＋一口价综合方式是卖家在销售商品时选择拍卖方式,设置最低起拍价的同时,再根据自己对物品价值的评判设置一个满意的"保底价"。

3. eBay 中国。

为了更好帮助中国卖家在 eBay 平台上进行跨国交易,eBay 成立了中国门户站点,通过该站点中国卖家可以将商品卖向全球。eBay 中国的主要业务包括出口外贸、进口内贸和技术研发。eBay 中国为中国卖家提供跨境交易一系列服务,PayPal 为中国卖家提供了一站式的在线外贸解决方案。

4. eBay 的特点。

eBay 对卖家的要求相对严格,对商品质量要求也有较高要求,价格竞争也相当激烈。eBay 面向的是成熟市场,对产品和服务品质有较高要求,平台规则偏向保护买家利益。对于新卖家,eBay 的优势在于门槛较低,只要简单注册一个 eBay 账户,就可以在 eBay 设立的全球各个站点轻松开展外贸销售。依靠 eBay 的全球 C2C 平台,卖家在 eBay 可以接触到终端消费者,可以缩短交易流程,获得较高利润。依托 PayPal 在线支付工具,可以安全便捷地进行外贸支付。

【相关链接】

eBay 商户平台首页:

https://www.merchant.wish.com/welcome? pagetype＝0。

问题 2：如何注册 eBay 账户？

【问题背景】

张玲通过调研,发现手工艺术品在 eBay 上很受欢迎,而且利润高。由于她是第一次在网络平台出售手工艺术品,对于价格没有明确的定位,她打算利用 eBay 平台的拍卖方式刊登商品。首先她要做的就是注册 eBay 账户。

【所需资料】

1. 电子邮箱地址;

2. 个人姓名、地址、联系方式;

3. 电话号码。

【操作技巧】

1. eBay 卖家账户类型。

根据注册地不同,eBay 账户分为国内账户和海外账户,但是国内账户在 eBay 受到的限制较多,海外账户相对来说具有较明显的竞争优势。根据注册主体不同,卖家账户分为普通账户和企业账户,普通账户又分为个人账户和商业账户。

2. eBay 账号注册。

注册成为 eBay 会员,只需要几个简单的步骤,免费且快捷。张玲需要注册的是个人账户,注册账号是卖家开通海外直销的第一步,中国卖家在 eBay 香港(www.ebay.com.hk)或 eBay 中国(www.ebay.cn)上单击"注册"按钮,就可以进入注册页面。

进入 eBay 注册页面后,根据实际情况填写姓名、电子邮箱、密码等信息,如图 3-2 所示。也可以在此申请成为商业账户。填写完成后,点击"登记成为会员"则注册成功,系统自动跳转至首页。

账户注册成功之后,系统会为卖家分配一个会员账号,卖家可以用此账号展开商品销售,卖家也可以更改账户,为自己设置个性化的账户名称,并修改账户信息,如图 3-3 所示。

3. eBay 账号认证。

图 3-1

图 3-2

　　注册好账号之后可以刊登物品。如果是在香港站注册账户并在香港站刊登物品，可以不用认证身份。若要进行全球销售，在提交刊登时需要进行卖家身份确认，即账户认证。账户认证可以通过手机短信和信用卡来完成。

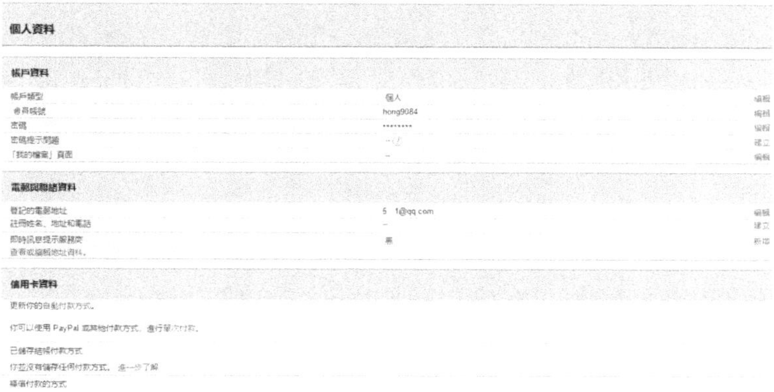

图 3-3

【相关链接】

1. eBay 全球销售指南：

https://cbt.ebay.com.hk/? utm_source＝homepage&utm_campaign＝homepagebanner&_trkparms＝clkid%3D5714181483157979018。

2. eBay 收费标准：

https://www.ebay.cn/newcms/Home/ebay_fees/2。

问题 3：如何注册 PayPal 账户？

【问题背景】

PayPal 是全球领先的开放电子支付平台。PayPal 因其便捷性和完善的买家保障，深受全球买家喜爱，接受 PayPal 付款可以获得买家信赖。PayPal 已经与 eBay、Etsy、Newegg 等电商平台预先集成，有免费开户、多平台收款功能，目前全球 1.9 亿网购卖家在使用此平台，能够接受全球 203 个国家和地区买家的付款。张玲在注册完 eBay 会员之后，需要注册 PayPal 账户才有利于后续建立 eBay 卖家账户。

【所需资料】

1. 电子邮箱地址；

2. 公司信息、公司法人代表信息等。

【操作技巧】

1. 了解 PayPal 卖家账户类型。

PayPal 账户分为 2 种类型：个人账户和商家账户。个人账户用于个人购物付款，商家账户可以下设多个子账户，并且设有高级权限管理功能。基于要在 eBay 上出售物品，张玲选择商家账户。

2. 注册 PayPal 账户。

登录 PayPal 官方网站 www.paypal.com，点击注册，选择"商家账户（个体／企业）"。填写注册信息后，点击"创建商家账户"。

图 3-4

　　接着输入需要注册的邮箱地址，进入"下一步"，进行基本信息填写，点击"同意并继续"。

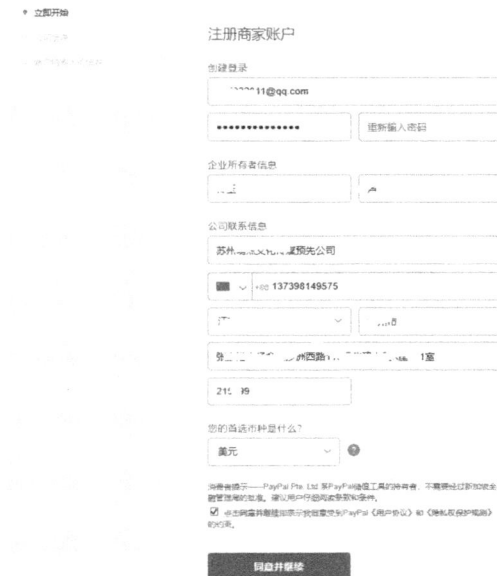

图 3-5

接下来需要根据实际情况填写公司信息。

图 3-6

填写"账号持有人信息"并"提交"，Paypal 注册便成功了。

图 3-7

3．PayPal 账户付款设置。

在"商家设置"中，有"付款设置"和"账户设置"两大类。

点击"付款设置"，可以设置付款方式，如通过电子邮件、电子账单功能，或在 eBay 上，或在网页或移动网站上，可以选择一个或多个付款方式。

点击"账户设置"，可以看到"验证邮箱地址"，可以通过验证电子邮箱来激活账户，在设置的邮箱中找到验证邮件，点击后账户就被激活。可以点击"关联银行账户"。可以点击"确保客户能够看到公司名称",进行公司信息确认。提高限额后实现轻松转账。

在"商家设置"下方可以选择收款方式,仍然是可以通过电子邮件、电子账单功能或在 eBay 上、在网页或移动网站上,选择一个或多个收款方式。

当完成了收付款的设置后,最后一步,需要进行银行卡的绑定,路径为"用户信息"—"用户信息与设置"—"我的用户信息"—"财务信息",需要添加信用卡或借记卡,确认卡后就完成了该设置。

4. 关联 eBay 账户与 PayPal 账户。

登录 eBay 账户,点击右上角"我的 eBay",点击账户—点击 PayPal 账户—连接到我的 PayPal 账户,填写地址,输入 PayPal 账号和密码,这样便完成了 eBay账户与 PayPal 账户的关联,eBay 开店注册也就成功了。

【相关链接】

使用 PayPal 收款的手续费标准:

https://www. paypal. com/c2/webapps/mpp/paypal-seller-fees? locale. x＝zh_C2。

问题 4：eBay 平台首页页面如何解读？

【问题背景】

作为 eBay 的新手卖家，完成了账号注册与认证、了解了收费标准之后，在正式开始销售之前，张玲需要对 eBay 的页面进行熟悉。她通过搜索发现，以美国站为例，前端页面简单大方，能够让用户轻松、快捷地购物。

【所需资料】

eBay 账户注册完成。

【操作技巧】

1. 熟悉 eBay 搜索栏部分。

eBay 的搜索栏主要包括账号登录与注册、产品分类、产品推广等几部分，如图 3-8 所示：

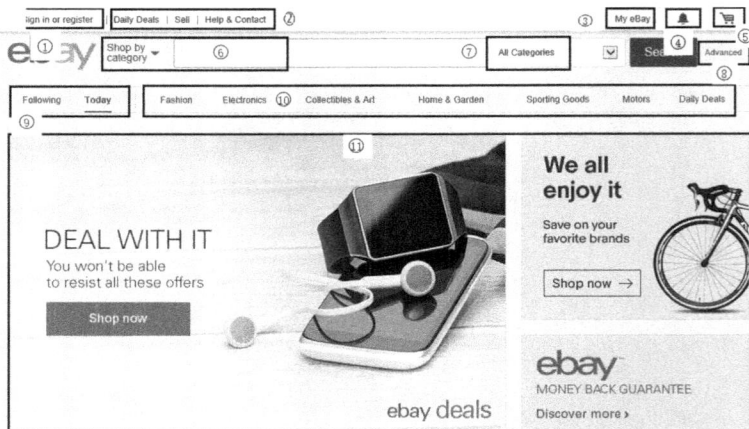

图 3-8

①代表账号注册与登录，单击"Sign"登录超链接即可进入账号登录页面，单击"Register"注册超链接即可注册账号。

②各超链接的含义：

●Daily Deals：每日优惠，发布每日商品优惠信息；

●Sell：我要卖东西，点击即可进入物品刊登页面展开物品销售；

●Help&Contact：帮助中心，遇到问题可在此寻求帮助。

③我的 eBay：进入用户账号后台。

④账号信息通知。

⑤购物车。

⑥搜索框，可以用关键词搜索商品。

⑦商品分类：可按照商品所属类别进行搜索。

⑧高级搜索：可通过设置详细信息搜索物品、店铺，可对物品标题、价格区间、销售方式、物品属性、产地等信息进行设置，以便更加精确地找到想要购买的物品。

⑨"Following"为"你关注的商品"，单击此处可以进入页面，显示之前关注的物品刊登，"Today"包括"今日特色收藏""今日人气收藏"和"我的收藏"3 个板块。

⑩分类目录。

⑪推广项目。

2. 熟悉商品展示部分。

eBay 首页中间部分是商品展示区域：

Today's Featured Collections(今日精选收藏集)，如图 3-9 所示，包括物品描述、物品的数量、品牌和立即购买按钮。

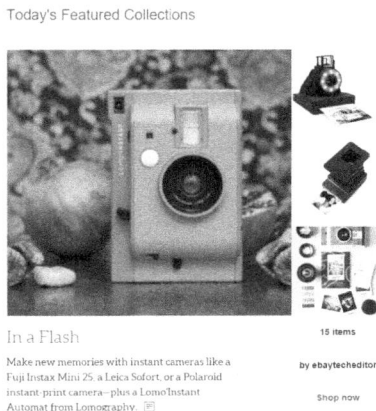

图 3-9

"Daily Deals"(每日优惠)，如图 3-10，会显示优惠幅度。

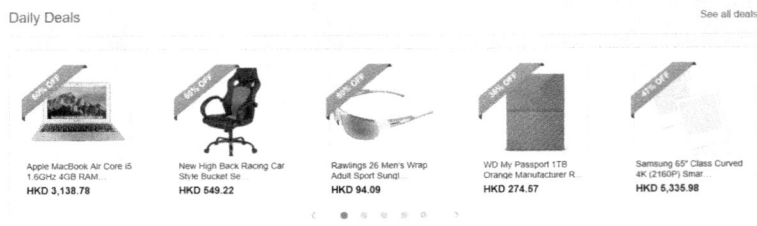

图 3-10

3. 相关服务信息。

eBay 首页底端部分主要是一些相关服务链接。

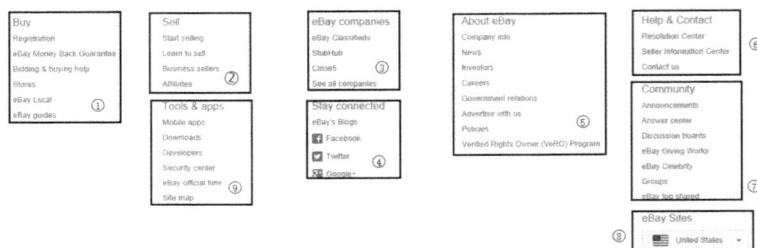

图 3-11

各序号所代表的含义如下:①购物帮助,②售卖帮助,③公司信息,④联系方式,⑤eBay 相关信息,⑥帮助中心,⑦社区,⑧站点选择,⑨工具与应用。

【相关链接】

在相关服务链接中,卖家要注意以下两点:

1. Learn to sell(卖家学习中心),是 eBay 官方提供的一些销售方法和技巧,能帮助卖家更好地售卖物品;

2. Affiliates 是 eBay 网络合作伙伴,可以让卖家通过做广告来吸引流量,提升销量。

问题5：eBay搜索结果页面如何解读？

【问题背景】

在了解了首页页面后,张玲想继续了解一款产品的搜索结果页面,以便了解eBay带给消费者的购物环境,eBay是如何把握消费者的购物习惯的,以及eBay平台的商品排序规则。她以一款手机壳为例,开始了解搜索页面。

【所需资料】

eBay账户注册完成。

【操作技巧】

在主页搜索框中输入商品关键词,单击"Search"(搜索)按钮,页面跳转至搜索结果页面,搜索结果默认按照"Best Match"(最佳匹配)排列。我们以一款手机壳为例,通过关键词得出"cell phone case"(手机壳)的结果如图3-12所示：

图 3-12

各序号所代表的含义如下：①输入关键词,②商品刊登方式,③搜索结果排序,④商品所属类别,⑤物品标题,⑥商品价格,⑦销售方式,⑧物品所在地,⑨代表运费。

【相关链接】

看完搜索结果页,我们了解到商品是按照"Best Match"(最佳匹配)来排序的,"Best Match"通过不同排序条件来决定"一口价(Buy It Now)"和"拍卖

(Auction)"商品的排序位置;默认排序时,"Best Match"(最佳匹配)考虑以下因素:

1. 最近销售记录(针对"一口价");
2. 卖家的 DSR 分数;
3. 卖家的"买家满意度/SNP";
4. 物品"标题/ Titles"的相关性;
5. 物品价格、运费。

问题6：eBay产品详情页面如何解读？

【问题背景】

在搜索结果页面点击某个产品图片，即可进入商品的详情页面。张玲选择了其中一款手机壳，点击进入发现商品详情页面由商品购物信息、商品详情介绍以及系统推荐三部分组成。

【所需资料】

eBay账户注册完成。

【操作技巧】

1. 商品购物信息。

该款手机壳商品详情页所包含的购物信息如图3-13所示：

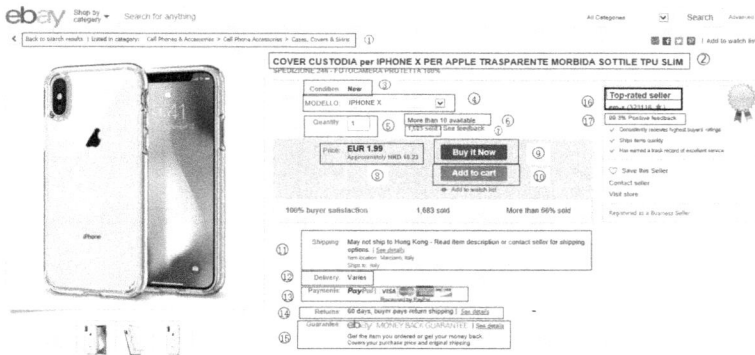

图 3-13

各序号所代表的含义如下：①产品分类，②产品标题，③产品新旧情况，④产品型号，⑤数量，⑥库存状态，⑦已售数量，⑧价格，⑨立即购买，⑩加入购物车，⑪运费，⑫发货时间，⑬支付方式，⑭退货方式，⑮卖家保证，⑯卖家账号，⑰好评率。

点击"Visit Store"可以进入店铺页面，店铺页面包括店铺账号、店铺产品展示和店铺产品分类等信息。如图3-14所示：①搜索框，②店铺名称，③产品分类，④产品排序方式，⑤产品展示。

单击卖家账号，可以看到卖家账号信息，如卖家的好评率、DSR等信息，如

图 3-14

图 3-15 所示：①店铺标志，②信誉度，③好评率，④DSR 详情，⑤过去 12 个月的买家评价，⑥评价滚动框。

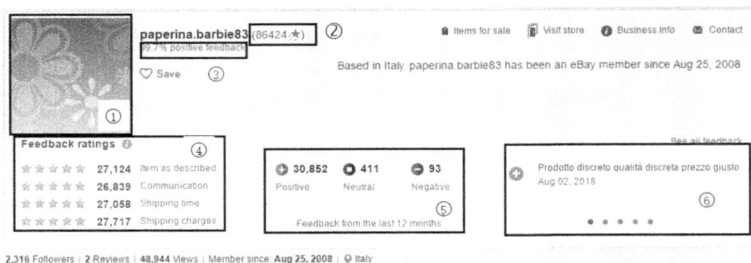

图 3-15

2. 商品详情介绍。

购物信息下方就是商品的详细介绍信息，包括商品详情描述和运输、支付信息两个板块。

详情描述主要是关于商品详细属性的一些说明，如新旧情况、商品品牌、颜色、数量、型号、风格、尺寸等，如图 3-16 所示：

图 3-16

商品运输和支付信息页面如图 3-17 所示：①物品所在地，②物品可以运送到的国家，③收货地址所在国，④运费和运输时间，⑤卖家支持的支付方式。

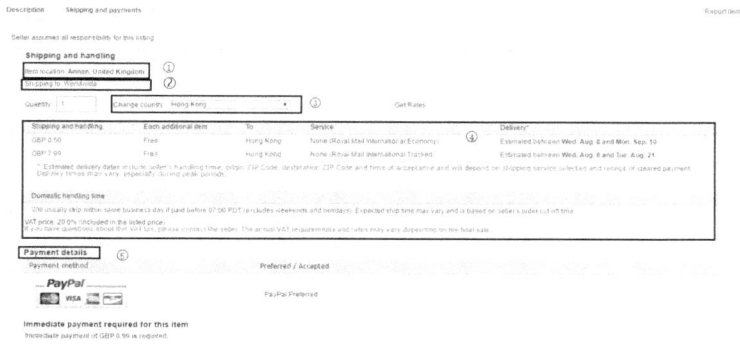

图 3-17

3. 系统推荐。

系统推荐主要是系统根据该款商品所做的关联营销，以该手机为例，系统会根据材质、型号推广类似的产品等。

【相关链接】

eBay 店铺设置工具：

https://www.ebay.cn/newcms/Home/tools/6。

问题 7：eBay 账户后台如何解读？

【问题背景】

注册完 eBay 账户之后，用户既可以用该账号购买商品，也可以用该账号刊登物品展开销售。张玲接下来登录账户进入后台，对账号相关信息进行设置和修改，以便后续顺利出售物品。

【所需资料】

eBay 账户注册完成。

【操作技巧】

1. 进入账户后台。

登录网站首页，点击右上方"My eBay"超链接，即可进入账号后台，如图 3-18 所示。后台信息一般分两部分，一部分为账号信息，包括"Activity"（活动）、"Messeage"（信息）和"Account"（账户），一部分为商品广告推广。

图 3-18

2. 进入"Activity"（活动）页面。

"Activity"（活动）页面主要包括用户的购物记录和销售记录，单击左侧列表中的超链接，即可进入相应的页面。如近期浏览过的内容、出价/讲价、购物历史记录、关注的清单、保存的来访者、保存的卖家、我要卖。在"Sell"（我要卖）下拉列表中，对应的信息分别为所有出售的物品、预订刊登的物品、出售中的物品、已卖出的物品、未卖出的物品、发货标签、退回的物品、删除。

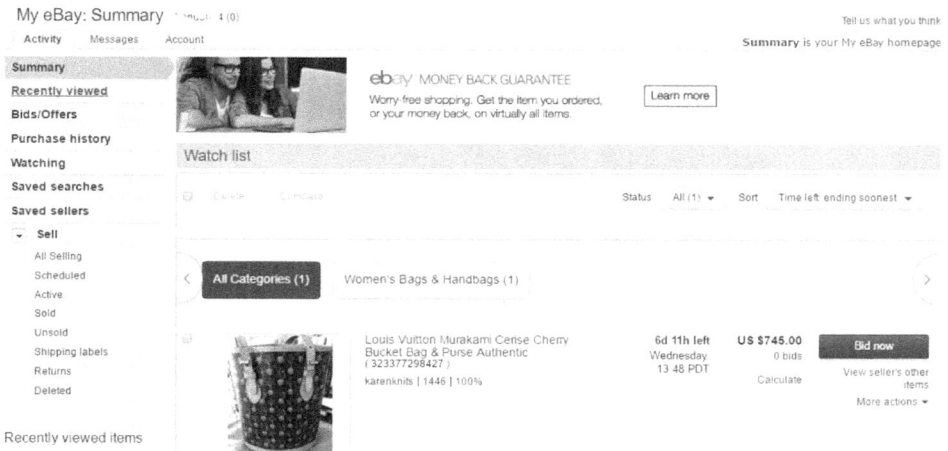

图 3-19

3．进入"Messages"（信息）页面。

单击"Messages"（信息）选项卡，可以进入账户信息界面，主要是收到的一些信息，如图 3-20 所示：左侧为信息管理区，右侧为收到的信件。

图 3-20

4．进入"Account"（账户）页面。

在账户页面中，可以对账户资料进行修改设置，让卖家资料更完善，可以查看卖家成绩表和信用评价，关注销售表现。

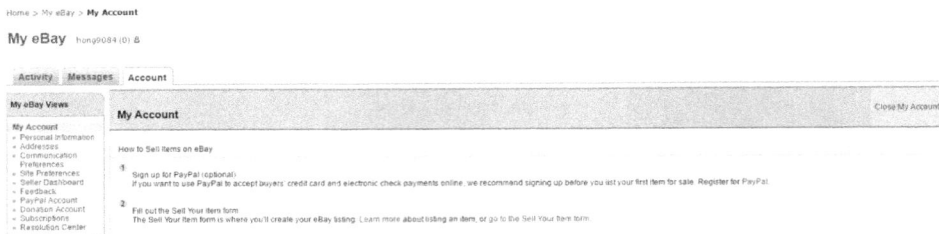

图 3-21

Personal Information(个人信息):设置与修改账户相关信息,如账户类型、密码、名称、密码提示问题、邮箱与联系资料和信用卡信息等;

Addresses(地址):包括账号注册地址、物品收货地址等;

Communication Preferences(联络偏好设定):设置收取 eBay 销售通知的方式和时间,设定与其他会员进行沟通的方式,设置是否接受销售邮件和推广资料;

Site Preferences(网站偏好设定):修改用户在 eBay 的付款方式,设置买家条件;

Seller Dashboard(卖家成绩表):监测卖家账户表现,了解卖家在 eBay 上的销售成绩;

Feedback(信用评价):撰写物品信用评价,查看、回复、补充或修改信用评价;

PayPal Account(PayPal 账户):修改与设置 PayPal 账户资料;

Donation Account(捐赠账户):参与公益项目;

Subscription(订阅使用):可以订阅 eBay 为卖家提供的销售工具,如批量上传精灵、eBay 店铺、售卖专家和销售报告等;

Resolution Center(调解中心):销售过程中出现的问题,买卖双方协商后无法解决,可以在此提出调解申请。

【相关链接】

eBay 账号设置教程:

https://www.ebay.cn/newcms/Home/account_setting/8。

问题 8：如何利用 Terapeak 选品？

【问题背景】

对于卖家而言,在 eBay 上开店,产品定位是首先要解决的问题,是后续展开经营的第一道门槛。卖什么产品最赚钱？如何挖掘热销商品？对于新手卖家张玲而言需要认真研究。在与同行探讨了 eBay 平台选品策略之后,她决定选用专业工具来开展准确的分析,她希望能够查到产品销售结果、热销品类、热搜品类、产品售价这样的数据,来帮助自己进行选品。她查询得知 Terapeak 是 eBay 官方唯一推荐的分析工具,她打算深入研究。

【所需资料】

eBay 账户注册完成,对 eBay 平台有初步了解,注册 Terapeak 账号。

【操作技巧】

1. 了解 Terapeak。

Terapeak 是一家总部位于多伦多的初创公司,Terapeak 已经建立了一个能够处理供应关系、需求和定价的数据平台。该平台用于指导企业如何选品,以及如何定价。卖家可以注册中文版的 Terapeak,通过该软件提供的 eBay 数据库,分析热门商品、竞争对手的情况、同类商品的交易数据、热门商品的类别,可以解决卖什么、怎么卖、卖多少钱的问题。

2. 注册 Terapeak。

登录 Terapeak 网站 https://www.terapeak.com,网站有一个 7 天免费的试用期。点击"Try It Free",进入注册页面,如图 3-22 所示。提供电子邮箱、姓名、密码、外币结算的国际信用卡信息、账单地址信息,即可开始账号试用。当然如果觉得好,可以选择付费套餐,觉得没必要用很久,可以取消自动付费设置。

3. 登录 Terapeak,选择调研选项。

可以看到调研的类目包括:调研、已保存的搜索记录、产品调研、热门调研和类目调研。

4. 选择热门调研,进入结果查询页。

如图 3-24 所示,单击方框中的按钮,可以显示热销产品的类别、物品销售额

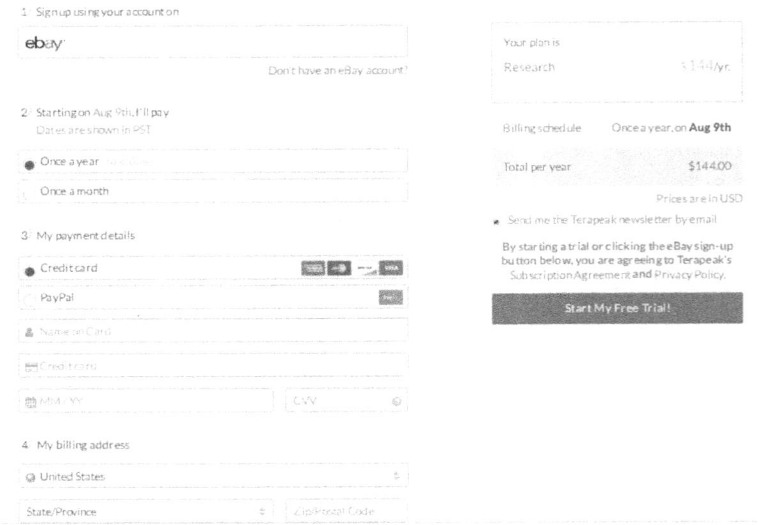

1 Sign up using your account on

ebay

Don't have an eBay account?

2 Starting on Aug 9th, I'll pay
Dates are shown in PST

● Once a year

○ Once a month

3 My payment details

● Credit card

○ PayPal

👤 Name on Card

💳 Credit card

📅 MM/YY   CVV

4 My billing address

🌐 United States

State/Province   Zip/Postal Code

Your plan is

Research $144/yr.

Billing schedule   Once a year, on Aug 9th

Total per year $144.00

Prices are in USD

☑ Send me the Terapeak newsletter by email

By starting a trial or clicking the eBay sign-up
button below, you are agreeing to Terapeak's
Subscription Agreement and Privacy Policy.

Start My Free Trial!

图 3-22

📊 Dashboard   🔍 Research ▾   ✏ SEO   ⊕ How to   ⊕ Help   ⊕ 5...   @qq.com

Research
Saved Searches
Product Research
Hot Research
Category Research

图 3-23

排名、物品类别名称、热门程度、成交率等信息。

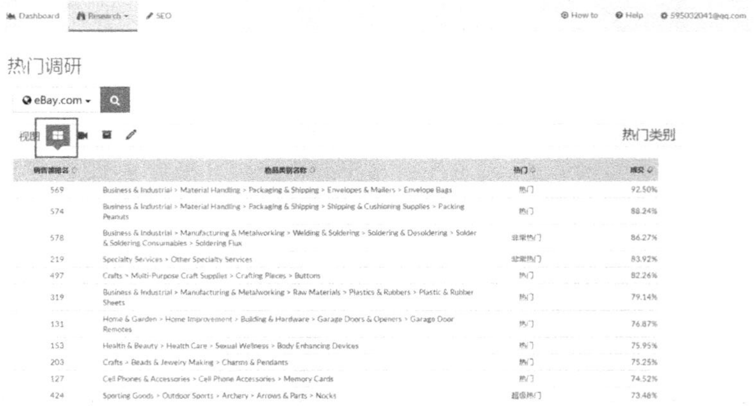

图 3-24

如图 3-25 所示,单击方框中的按钮,可以显示最畅销商品的相关信息,如最畅销产品的关键词、最畅销物品类别、成交率、平均价格和总售出数量。

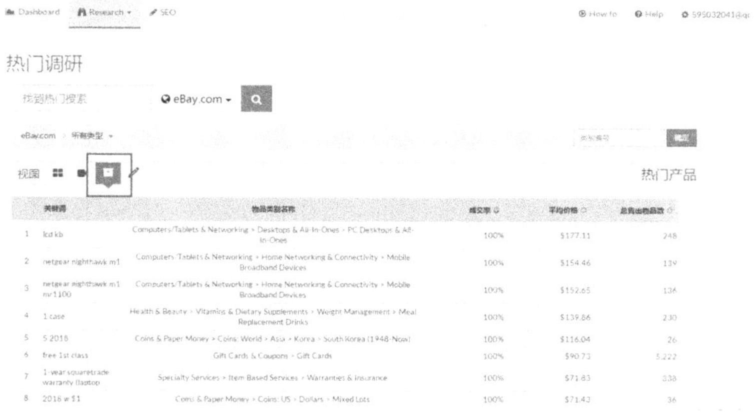

图 3-25

【相关链接】

1. 选品网站 www. watchcount. com,为大家提供 eBay 用户投票的实时最流行的产品,并不断追踪和报告结果,选出 eBay 上最流行最热门的产品,卖家可以利用该网站帮助选品。通过搜索关键词,卖家可以查看对应产品的销量、标题、售价以及相似款等信息。

2. 通过选品网站 www. watcheditem. com,可以查询多个国家各级类目下的热卖商品,支持查询美国国家 Top 500 的产品。

问题 9：如何创建 Listing 中的产品信息？

【问题背景】

创建物品刊登是展开销售的第一步，而创建一个好的 Listing 则是 eBay 卖家成功的关键，这个过程包括撰写标题、上传图片、撰写商品详情描述、设置卖家相关政策等环节，对于新卖家张玲而言，这个过程还是相对复杂的，她感觉有点困难。一条 Listing 包含三大部分的内容，即：Product detail(产品信息)，Selling detail(销售信息)和 Shipping detail(物流信息)。张玲首先编辑产品信息。

【所需资料】

选择好产品品类，产品通过分类审核，整理好产品相关信息，如规范的商品标题、高质量的图片、详细的商品描述等内容。

【操作技巧】

1. 登录 Listing 页面。

进入 eBay 主页，单击页面右上方的"Sell"(我要卖)超链接，如图 3-26 所示。

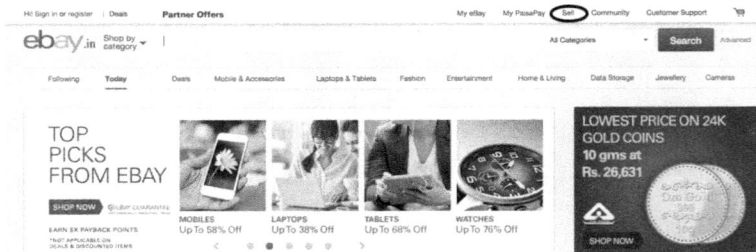

图 3-26

输入产品名称，点击"Start Selling"，随后选择正确的产品类别。如果不确定产品属于哪个类别，在搜索框中输入产品的关键字，然后单击" Find Categories"按钮，查找、选择与你的产品最相关的类别，点击"Select a suitable category"，选择完成之后点击"Continue"，如图 3-27 所示。

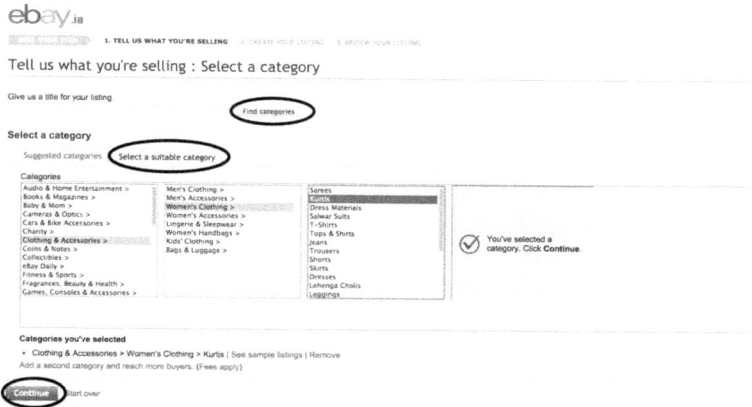

图 3-27

2. 编辑 Title 标题。

接下来我们进入了正式刊登 Listing 的界面,首先是 product detail,即编辑产品信息。

图 3-28

你在标题中输入的关键词是可搜索的,所以请使用最准确的关键词来描述你的产品。物品标题可输入多达 80 个字符,应尽可能地利用这 80 个字符将物品特征介绍给买家,并尽可能地包含多个高相关性的物品搜索关键词,让买家在了解物品重要信息的同时,也增加物品关键词的搜索量和浏览量,以带动销售。在 eBay 平台中,商品的标题应该包含以下关键词:产品、品牌、类别、型号、规格。副标题的关键词是可搜索的,可以使用副标题来描述产品的独特属性,如品牌名称、艺术家、设计师、配饰和选项;或者使用你认为买家不一定会搜索的,但可能会让他们感兴趣的词。

3. 编辑 Category 分类设置。

除了可以通过物品关键词来使用 eBay "建议分类"功能之外,也可在刊登物品页面中选择或者修改一个合适的分类进行刊登,如图 3-28 所示。分类选择请务必选择和产品最接近、最适合的分类,错误的分类选择可能会降低产品的曝光,分类将影响物品售出后支付的成交费比例。

4. 编辑 Variations 产品属性。

此处根据需要可以编辑产品的属性,可以编辑多个(不限于 2 个)选项,比如颜色、数量、规格等等,当然有的商品属性并不支持多属性刊登。

5. 编辑 UPC 通用商品码。

全球贸易项目代码(Global Trade Item Number,GTIN),以 eBay 美国站点为例,此处的 GTIN 需要填写 UPC 通用商品码,通常 UPC 码为 12 位数字,请确保填写正确的 UPC 码信息;若没有,请填写 Does not apply。

6. 填写产品状态 Condition。

此处应为产品明确标明其使用状态(全新,或工厂翻新,或卖家自行翻新,或二手等等)。当选择产品状态为全新未开封的,那么该产品就必须是全新未使用的,而且其包装需要和零售渠道包装一致,除非该产品是手工制作或者由生产厂商提供的特制的非零售渠道包装。

7. 添加 Photos 图片。

在"Add photos"(添加照片)模块中可以上传物品图片,可为刊登的物品上传多达 12 张免费橱窗照片。第一张图片是主图,下面将显示"Main photo"。如果上传后发现第一张图不是原定的主图或图片没有按照预期排序,可拖动图片并将其放在想要排序的位置即可。

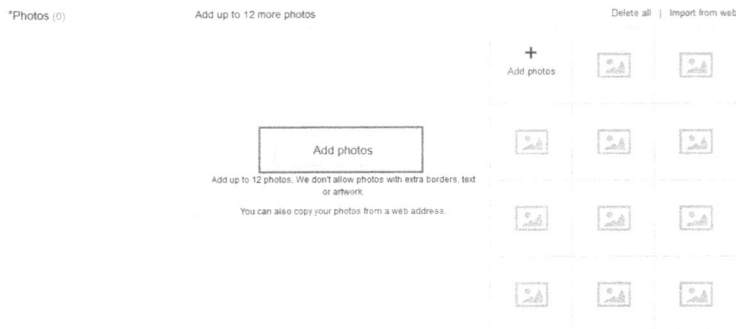

图 3-29

8. 填写 Item specific 物品属性。

当创建物品刊登时,应完整填写所售物品的 Item specifics(物品属性)信息,因为这是物品能否成功销售的重要细节。如图 3-30 所示,物品属性可为买家提供物品的细节详情,如品牌、编号、尺寸类型、尺寸、颜色等。点击"Add your own item specific",创建自定义物品属性。

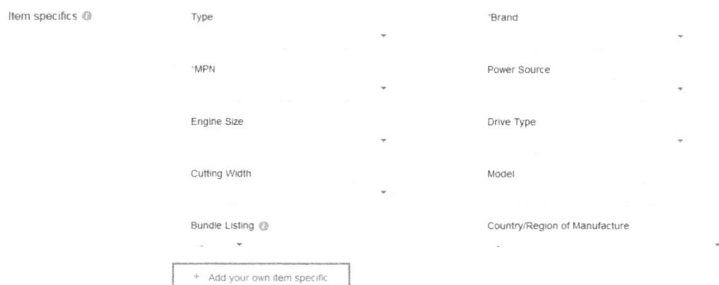

图 3-30

9. 填写 Item description 物品详情描述。

在详细的物品刊登设置页面中有 Item description 模块,即物品描述设置模块,如图 3-31 所示,点击"Standard"可以直接输入物品描述,或点击"HTML",使用 HTML 代码加入较复杂的物品描述。在"HTML"中编辑输入完成 HTML 代码后,点击"Standard",可看编辑后的效果。如您直接在"Standard"中编辑,可利用工具条对物品描述进行简单的排版设置。

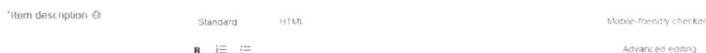

图 3-31

【相关链接】

1. 关于刊登标题的注意事项:

(1) 尽可能地充分利用系统允许的 80 个字符描述物品,提升关键词搜索率。

(2) 不要在标题中添加无关的标注符号,不得含有网站地址、电子邮件或电话号码。

（3）不得含有亵渎或猥亵的语言。

（4）刊登有品牌的物品时，物品必须是由品牌厂商生产的正规合法的物品。

（5）不得使用涉及侵权的关键词。

（6）确保标题单词拼写正确。

2. 在物品描述中切勿包括以下内容：

（1）任何不实的陈述。

（2）任何误导买家的信息，如与物品无关的"关键字/ Keywords"，这些是违反 eBay 刊登政策的行为。

（3）禁止或受管制的内容。

（4）未经许可的情况下，使用品牌商标或抄袭其他卖家的物品描述内容。

（5）可能导致买家不满的要求或说明。

问题 10：如何创建 Listing 中的销售信息？

【问题背景】

eBay 提供两种不同的售卖方式，分别是一口价（Fixed price）和拍卖（Auction style）。不论是用"一口价"形式还是"拍卖"形式刊登物品，都需设置物品的刊登方式、价格及可售数量等信息，才能让物品以更适合的销售形式刊登销售。张玲在创建好 Listing 中的产品信息之后，开始创建销售信息。

【所需资料】

选择好产品品类，产品通过分类审核，整理好产品相关信息，如规范的商品标题、高质量的图片、详细的商品描述等内容。

【操作技巧】

1. 设定 Format 售卖方式。

物品的刊登方式包括"拍卖/Auction"方式、"一口价/ Fixed Price"方式、"拍卖/Auction"和"一口价/ Fixed Price"方式并用，综合各种因素选择合适的刊登方式。

2. 设定 Duration 刊登在线持续时间。

当在 eBay 上刊登商品时，需要指定 Listing 在线的时间。

以一口价形式刊登，可以选择 3 天、5 天、7 天、10 天、30 天的在线时间，也可以选择 Good Til Cancelled（GTC）模式的 Listing 在线时间。

以拍卖形式刊登，可以选择 3 天、5 天、7 天、10 天的在线时间，如果回评数超过 10 个，还可以选择 1 天的拍卖在线时长选项，1 天和 3 天的拍卖在线时长需要额外收费。

以 Scheduling listings 形式预刊登，可以在撰写完成一条 Listing 后直接发布上线，也可以指定一个未来上线的时间（最长 3 周），可以控制 Listing 上线和结束的时间。

3. 设定 Price 物品价格。

以"一口价"方式刊登的物品价格设置步骤简单，在物品刊登设置页面的"price"模块中，选择"Fixed price"（一口价），在"Buy It Now price"下方文本框中输入"一口价"物品的销售金额。

以"拍卖"方式刊登的物品价格设置步骤略复杂,在物品刊登设置页面的"price"模块中,选择"Auction"(拍卖),在"Starting price"下方文本框中输入物品的起拍价,在"Reserve Price"下方选择保底价,如果拍卖物品没有超过预设的保底价,可以选择不出售该商品。

"拍卖"和"一口价"并用的方式的话,选择以"拍卖方式"销售物品。在"Starting price"下方的文本框中输入物品的起拍价,在"Buy It Now price"下方的文本框中输入物品的"一口价"价格,即在设置物品"拍卖"价格的同时设置"一口价"。

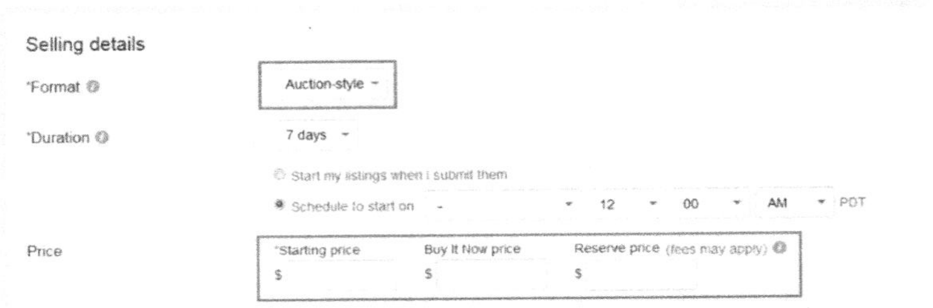

图 3-32

4. 设定 Quantity 物品可售数量。

选择用"拍卖方式"刊登物品,只能拍卖一件物品。"Lots(批发)"功能允许一次向买家出售多件商品,适合 eBay 上的批发商使用或者 B2B 业务。

5. 设定 Payment options 付款方式。

在"Payment options"中选择合适的付款政策,勾选使用 Paypal 付款,输入 Paypal 收款的 Email,可以选择"Require immediate payment with Buy It Now"选项,来加速买家完成付款。

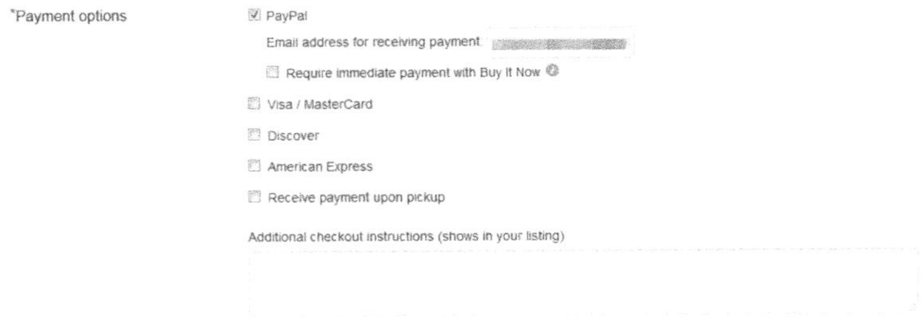

图 3-33

【相关链接】

关于商品数量：需谨慎设定物品的可售数量，严格管理库存。如果库存有所调整，卖家需及时调整对应的刊登物品的可售数量，避免出现仓库有货、刊登物品页面没货，或刊登物品页面有货、库存没货的情况发生，以免给买家带来不良购物体验，导致卖家账号被封。

问题 11：如何创建 Listing 中的销售信息？

【问题背景】

完成了 selling detail 的设置后，张玲接下来面对的是 shipping detail 设置模块，包括退货政策、货运政策、运抵国家、物品所在地等信息。

【所需资料】

选择好产品品类，产品通过分类审核，整理好产品相关信息。

【操作技巧】

1. 设定 Return options 退货选项。

点击"Domestic returns accepted"左侧的复选框，接受本地退货，下方可以进行具体的退货设置，如退货时间设置为最短 30 天，退货运费可设置为买家承担，也可设置为卖家承担，即 free return，用同样方法设置"International returns accepted"。

2. 设定 Domestic shipping 货运细节。

"Domestic shipping"下拉菜单中，"Flat：same cost to all buyers"是为每件物品设定固定运费，"Calculated：Cost varies by buyer location"是为不同地区的买家设置不同运费，"Freight：large items over 150 lbs"是为超过 150 磅的大型物品设置运费，"No shipping：Local pick up only"是将物品设置为本地面交无运费。

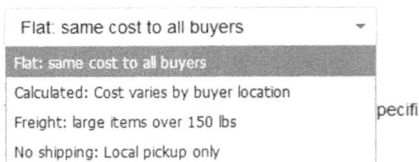

图 3-34

在"Services"的下拉菜单中可设置具体的运送服务，如图 3-35 所示，分别代表了经济型物流服务、标准型物流服务和加急型物流服务。

在"Cost"对应的文本框可填写物品运费,也可以勾选"Free shipping"将物品设置为包邮。点击"Offer additional service"可为 Listing 增加更多运输服务选项,如不需要,可点击"Remove service"取消。在"Handling time"下拉菜单中可选择物品的处理时间。

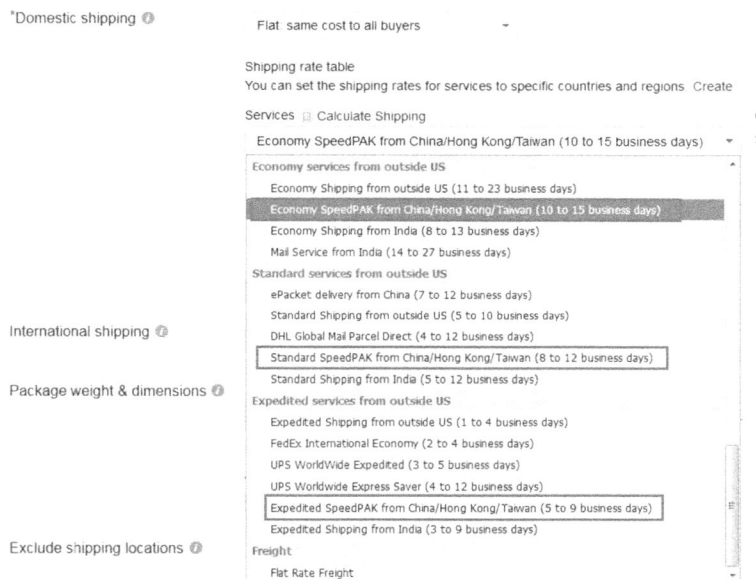

图 3-35

3. 设定 International shipping 货运细节。

如图 3-36 所示,在"Ship to"下拉菜单中可选择要寄送的目的地,谨慎使用"Worldwide"选项,因为部分国家可能无法送达,可选择"choose custom location"自定义目的地。可在"Services"下拉菜单中设置具体的物流服务,在"Cost"下拉菜单中填写物品的运费。在"Exclude shipping locations"中设置不能运达的国家/地区。

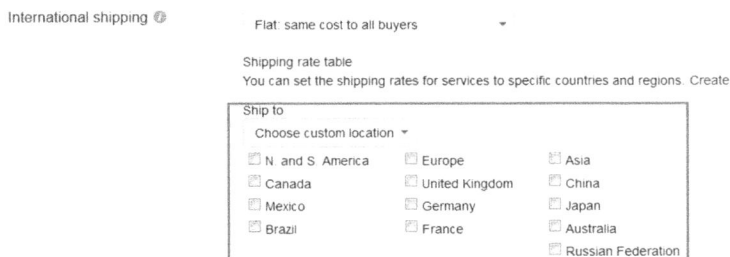

图 3-36

4. 设定 Item location 物品所在地。

如图 3-37 所示，点击"Change"，可以进入编辑物品所在地的页面。可在"Country"下拉菜单中输入物品所在国家，在"City, State"下拉菜单中输入物品所在城市和省份。

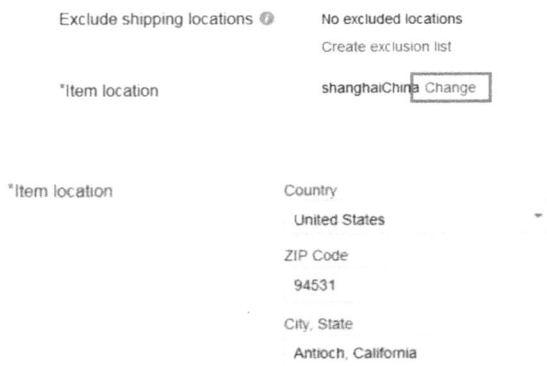

Exclude shipping locations   No excluded locations
                        Create exclusion list

*Item location   shanghaiChina   Change

*Item location   Country
                        United States
                        ZIP Code
                        94531
                        City, State
                        Antioch, California

图 3-37

5. 上传 Listing。

检查 Listing 费用，预览、修改 Listing，确认没问题后点击 list item 就能刊登上线了。

【相关链接】

卖家必须如实填写物品所在地，运费的设置要与物品所在地相匹配，eBay不允许卖家刊登不正确或不实的物品所在地资料，对于违反此政策的用户，将会受到相应惩罚。

问题 12：如何提升排名？

【问题背景】

对于新卖家而言,除了要掌握如何上传 Listing,做好基础的物品刊登工作,还应关注店铺的曝光量、转化率。转化率涉及产品和店铺的访客数量,需要卖家积极提升产品的排名和优化 Listing。eBay 默认的搜索结果排序方式是最佳匹配(Best Match),张玲将研究如何在这样的规则下提升排名。

【所需资料】

创建好基础的产品 Listing。

【操作技巧】

1. 了解最佳匹配(Best Match)的物品排序规则。

买家在 eBay 中输入关键词之后,会用最佳匹配算法将搜索结果进行排序,简单而言,eBay 的排名运算规则可以分为以下几步:

(1)搜集符合条件的 Listing——买家输入产品名称进行搜索时,eBay 服务器会搜集符合条件的 Listing,并将这些结果分为拍卖 Listing 和一口价 Listing,最终向买家呈现最有价值的 Listing。

(2)整理排列 Listing——以拍卖形式刊登的物品按物品结束时间排序,结束时间越近的越靠前。以一口价形式刊登的物品按照物品价值高低排序,一般认为搜索结果中某物品出现的次数与已销售的数量呈正相关。

(3)推广搜索结果——一些卖家的产品会出现在首页,是因为他们是超级卖家或者产品包邮。

(4)最后排序——确定拍卖形式物品和定价形式物品的排序,eBay 会将这两种形式的排序合并整理并最终呈现给买家。

影响卖家物品在 Best March 上的排名的关键是:准确的标题,精准的分类定位,精美的图片,有竞争力的价格和专业的卖家服务。

2. 了解刊登方式在最佳匹配中的考量因素。

单件物品、起价低且价格不确定的物品、独一无二或者难以寻找的物品适合以拍卖方式刊登,物品相关度、卖家详尽评价/DSR 和物品剩余时间是影响拍卖类物品在搜索结果中排序的重要因素。多件物品、规模商品、价格已知的商品、需长时间在线的物品适合定价类刊登方式,物品上架时间是影响定价类物品排序的主要因素。

3. 拍卖类物品提升排名的技巧。

(1)设置合适的下线时间。将物品下线时间设置在大多数买家上网的时间段内,如午后和晚上,其物品能够获得更多买家的关注。

(2)设置合适的物品在线时长。物品在线时间越短,越会给买家制造一种商品很抢手的感觉,促进买家竞价。通过查看类似商品的在线时间,判断物品是否抢手。如搜到的产品距离下线都是以分钟或者小时计时则属于抢手商品,那么设置的在线时间应该较短,如 3 天、5 天。如搜到的类似产品距离下线的时间都是以天居多,则相对冷门,那设置的在线时间应该较长,如 7 天、10 天。

4. 定价类物品提升排名的技巧。

(1)多数量销售:物品销量高,有利于定价类物品排名靠前,卖家可以将商品数量设置为多件,帮助积累商品的销售人气,提升商品在搜索结果中的排名。

(2)设置较长的在线时间:定价物品最新上架的排名都会靠前,在线时间越长越靠前。因此需要为定价类物品设置较长在线时间以提升搜索排名。

(3)及时补充库存:保证销售的正常进行,保持销售记录的积累,对于提升排名非常有效。

【相关链接】

如何让商品在 Best Match 中得到高曝光率?

1. 物品价格(包括运费)很重要,对于定价物品,价格优势是关键;对于拍卖物品,起拍价要设定得较低,以鼓励买家出价。

2. 设置"免运费/Free Shipping",包邮的定价产品仍将在搜索中获得额外的曝光量。过高的运费会让物品在搜索结果中被降级,还会拉低 DSR。

3. 准确描述标题和选择商品规格属性,在刊登独特物品时,不仅要依靠图片来突出物品,还可在名称中包含能和普通物品有区别的关键词。

5. 卖家 DSR 分数达 4.8 及以上。

问题 13：如何装修店铺？

【问题背景】

　　店铺页面展示的专业程度也会直接影响到客户的去留和 Listing 转化，一个好的店铺页面帮助卖家吸引更多买家浏览并喜欢该店铺。张玲上传了自己手工制作的几件工艺品之后，逐渐打开了销路，她意识到必须建设一间整洁而富有条理的店铺，给买家树立专业、高档的店铺形象，这样才能更好地吸引买家的注意力，在众多店铺中脱颖而出，提高市场竞争力。张玲接下来开始店铺装修工作。

【所需资料】

　　正常运营的 eBay 店铺。

【操作技巧】

　　1. 了解店铺构成。

　　一个完整的店铺页面展示图(没有借助任何第三方工具)，由七大板块构成，如图 3-38 所示：

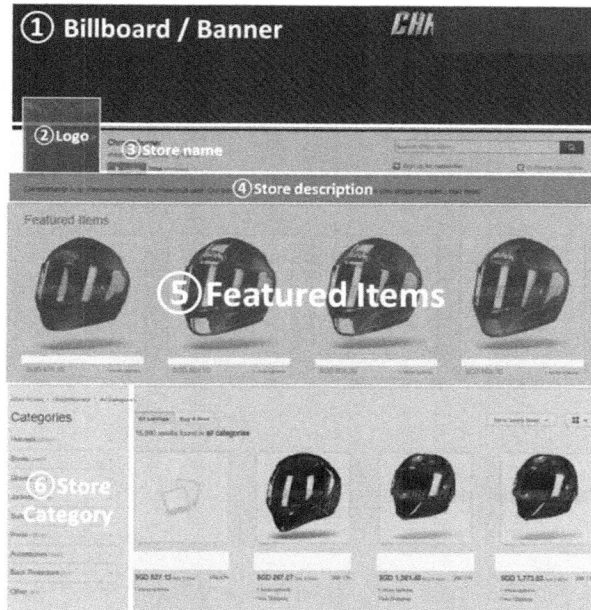

图 3-38

(1)Billboard(店铺 Banner)：用于突出店铺的主打概念、产品或有针对性的促销优惠活动。

(2)Logo(店铺标志)：如果有品牌商标，尽量用商标作为店铺 Logo。

(3)Store Name(店铺名称)：可和账户名称保持一致。

(4)Store Description(店铺介绍)：告知买家店铺的服务、产品或者活动。

(5)Featured Items(主打产品)：放置在店铺中的明星热卖产品。

(6)Store Category(店铺分类)：对店铺中的物品进行分类，买家也可更方便地通过不同分类快速找到所需物品。

(7)All Listing(所有产品)。

2. 设置 Store Categories(店铺分类)。

先找到店铺装修的路径：Account＞Manage My Store＞Store Design。

设置主分类。点击"Manage Store Categories"进入管理"店铺分类"页面，即可开始设置店铺刊登物品分类。点击右上方的"Add Category"，可以新增店铺刊登物品主分类。

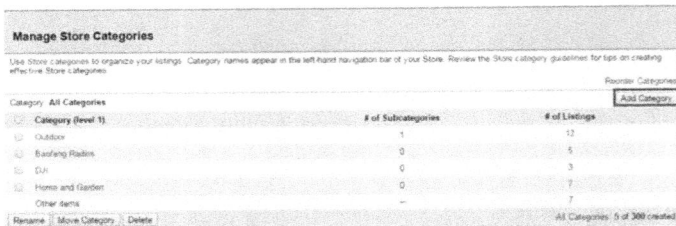

图 3-39

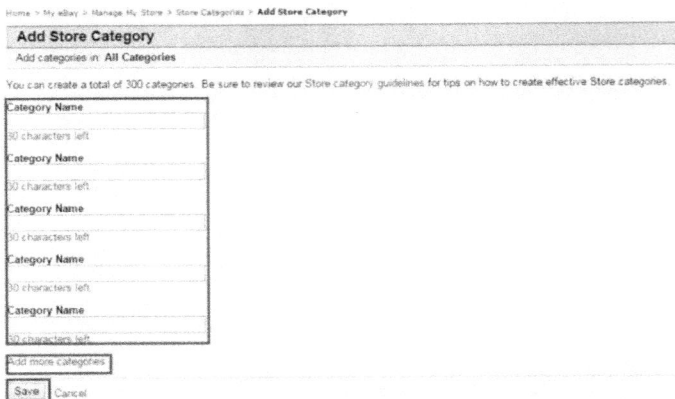

图 3-40

在"Add Store Category"页面的"Category Name"文本框中输入主分类名称,如需添加更多主分类可点击下方的"Add more categories",主分类名称不能超过 30 个字符,如图 3-40 所示。

创建子分类。在"Manage Store Categories"页面中点击主分类名称,进入"主分类"页面,点击主分类管理列表右上方的"Add Category",可新增子分类,子分类名称也不得超过 30 个字符。

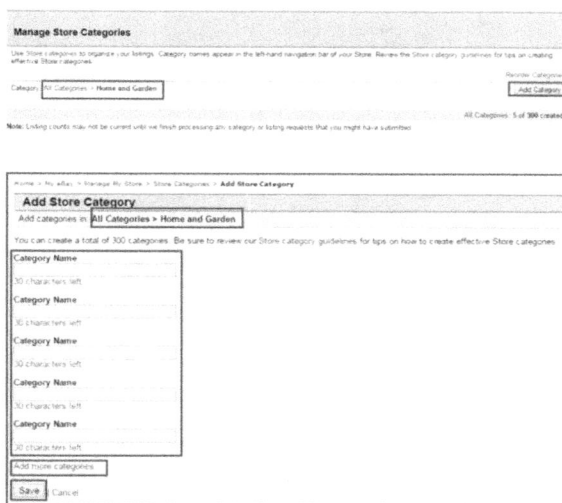

图 3-41

如果子分类下还需添加三级分类,可参照添加子分类的步骤,点击需要添加三级分类的子分类,在需要编辑的子分类页面进行即可。店铺分类最低可设置到三级类目,上限 300 个类目。分类添加完成后,可在"Manage My Store"页面点击分类管理列表右上方的"Reorder Categories"对分类进行排序。可以通过"Alphabetical order"(按字母顺序)或"By number of listings"(按刊登物品数量顺序),也可选"Manual order"(手动排序)。可通过"Reorder Store Categories"页面右上方的"Change the Left-Navigation Bar"对店铺分类展示进行设置,可以选择只展示一级分类,或者多级分类一起展示。

3. 设置 Store Name(店铺名称)。

进入"Manage My Store"点击"Edit Store",进入 Store Name,可在其下面的文本框中输入店铺名称,但不得超过 35 个字符。

不能是其他 eBay 用户的 ID;不能以常用的域名为结尾,比如.decom,.net

等;不能和受知识产权保护的公司名相同或非常类似公司名的词;可以和 eBay ID 一致,但要满足以上条件;店铺名尽量选择容易记住的,不要选择太生僻/不可读的英文名字;尽量打造一体化的品牌效应。

4. 设置店铺 Banner。

店铺 Banner 作为店铺的门面,可以帮助卖家突出店铺的主打产品和买家群体,明确消费定位。同时也可以让客户第一眼就能 get 到我们想要做什么,有什么活动,或者商品有多少优惠等。设置时,进入"Manage My Store"点击"Edit Store",进入"Billboard",点击"add image"即可上传图片,图片不能超过 12M,像素为 1200px×270px 。

5. 设置 Logo(店铺标志)。

进入"Manage My Store"点击"Edit Store",进入 Logo,鼠标放上去,右侧会出现"Add image",点击即可上传,图片不能超过 12M,像素为 300px×300px。

6. 设置 Store Description(店铺介绍)。

进入"Manage My Store"点击"Edit Store",进入"Store Description",在其文本框中输入店铺介绍,控制在 1000 字符以内。

7. 设置 Featured Items(主打产品)。

进入"Manage My Store",点击"Edit Store",进入"Featured listing",点击"Select listing",可自动选择您需要推荐的物品。最多可同时选择店铺中的四条产品作为 feature listing 进行展示,且如果在线产品小于 30 条,该功能不会展现。

8. 设置 All Listing(所有产品)。

进入"Manage My Store"点击"Edit Store"中的最后一项"Select the layout in which items are displayed in your Store",可以通过"List(列表式)"和"Gallery(平铺式)"两种方式来选显示店铺中的在线产品。

【相关链接】

注册账户时,如实填写注册资料;使用 hotmail、gmail 等国际通用的邮箱作为注册邮箱,以确保顺利接受来自 eBay 及海外买家的邮件;准备一张双币信用卡(VISA、MasterCaed),信用卡开通网上银行方便日后操作;最好在跨国认证之后,再进行销售。跨国认证需要的资料:身份证资料、个人近照、地址证明资料(地址证明要和注册地址一致)。

问题 14：如何开展促销活动？

【问题背景】

短短时间内张玲上传了多款产品，装修了店铺。由于是新开店铺，人气并不是很旺，曝光量不尽如人意。张玲打算先利用 eBay 上一些自带的促销工具开展营销活动，以吸引客户，提升销量。

【所需资料】

正常运营的 eBay 店铺。

【操作技巧】

登录卖家账号，进入 eBay 店铺的后台操作中心，如图 3-42 所示，我们可以看到在左侧侧边栏的位置有打折工具。点进 Marketing tools 之后，我们可以看到在左侧栏有个 Item Promotion，在这个 Item Promotion 下面，选择 Markdown Manager。

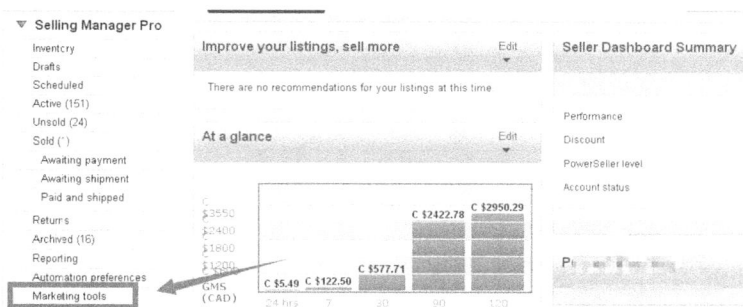

图 3-42

如图 3-43 所示，选择 Markdown Manager，点击 creat sales，开始进行创建活动。

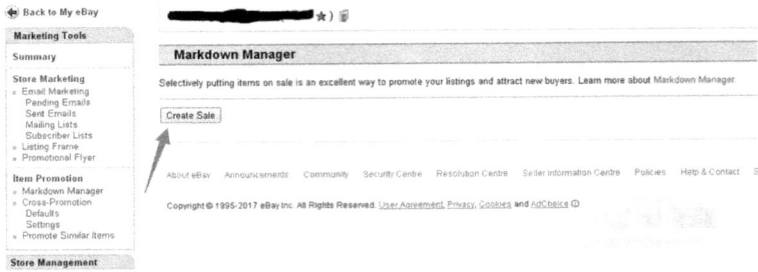

图 3-43

需要设置活动标题、活动开始时间、结束时间以及折扣力度。比如,标题可以写上日期然后加上折扣,如"2018041705％"。折扣这里有点要注意,off 百分比是指应该扣除的,如 60％off,实际价格为售价的 40％;折扣价设置为 60％,实际价格为售价的 60％。

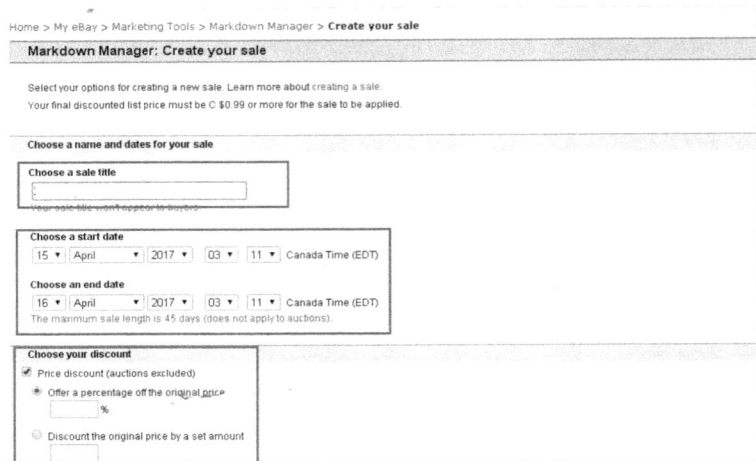

图 3-44

接下来开始添加产品,这里 eBay 提供了几种模式:①是按照一个类目所有产品添加,②是所有固定价的链接,③是包邮的拍卖链接,④是任意添加想要打折的产品。

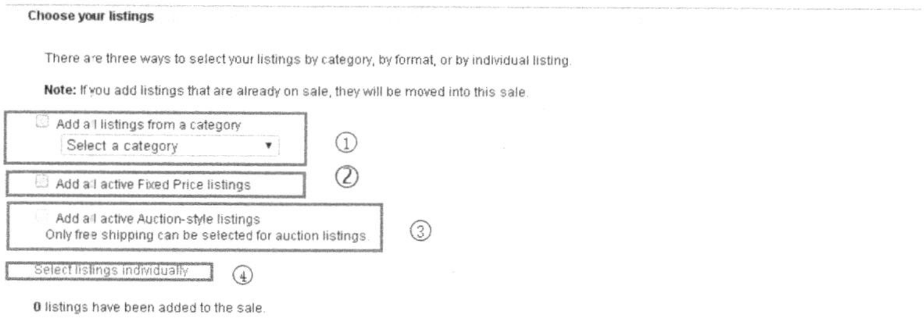

图 3-45

添加完产品之后,点击 creat your sale 进行确认。提交完活动后,回到了
markdown manager 这个页面,如果需要对活动进行修改,我们可以点击"edit",
在这个位置,还有一个 view listings,可以查看已经添加到活动中的具体产品。

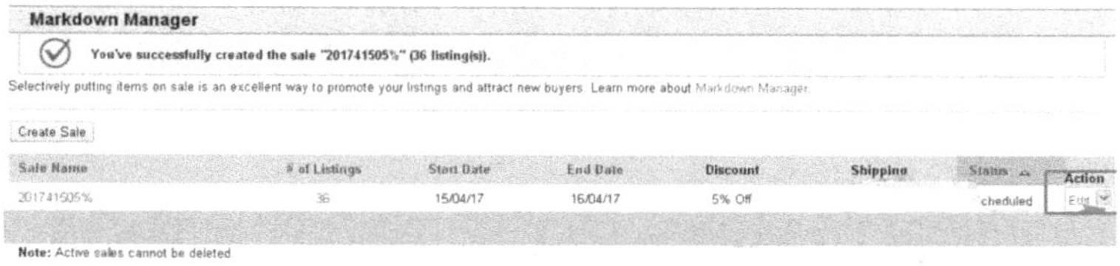

图 3-46

【相关链接】

1. eBay 自带的其他捆绑促销工具包括:eBay-promotions 关联促销、eBay-
promoted 直通车促销、eBay-listing 捆绑促销。

2. 当促销活动进行了一段时间之后必须对效果做出评估并改进,可以通过
Seller Hub 中 Marketing 下级菜单 Promotions 来查看促销的详细数据。

问题 15：如何读懂 eBay 卖家成绩表？

【问题背景】

对于新卖家而言,应该及时关注自己的账户表现,如账户是否合规、账户的等级、物品刊登的质量及发货流程、缺陷交易比例及产生的原因、收到的纠纷和取消交易的百分比等。通过 eBay 卖家成绩表——Seller Dashboard,可以监测自己的卖家表现,保持良好的卖家服务,确保账户表现达到标准之上。接下来,张玲需要对卖家成绩表进行研究。

【所需资料】

正常运营的 eBay 店铺。

【操作技巧】

1. 卖家成绩表 Seller Dashboard。

图 3-47

进入账户后台,点击左侧"My Account"下拉菜单中的"Seller Dashboard",可以看到的信息包括:目前所处的站点、卖家等级、不良交易率、运送延迟率、未解决纠纷率、单号上传率(美国站)、过去 12 个月销售情况、过去 12 个月每月审核指标等。

2. Transaction defect rate(不良交易率)。

不良交易率主要考核取消交易(缺货)和未解决纠纷,未解决纠纷是指卖家没有及时处理买家纠纷或买家对卖家处理结果不满意,将纠纷升级到 eBay,要求 eBay 平台介入,并且 eBay 判定纠纷结果为卖家的原因。

图 3-48

3. Late shipment rate(运送延迟率)。

图 3-49

运送延迟率虽然不会导致账户不达标,但要提高准时送达率,该项指标超标不但会影响到账户曝光,在线产品也可能会被平台强制要求延长处理时间。

卖家只要达到以下三个条件中的一个,这笔交易就不会被计入物流延迟中:

(1) 卖家在处理时间内发货并上传有效的跟踪单号,带有 A-Scan 信息;

(2) 买家在反馈中表明已按时收到货品;

(3) 产品在预计妥投时间内妥投。

4. Cases closed without seller resolution(未解决纠纷率)。

未解决纠纷有一项单独考核,只有 Below Standard 和 Top Rated,一旦超标就会跌入 Below Standard。Top Rated 标准为未解决纠纷笔数≤2,或未解决纠纷率≤0.3%。

图 3-50

5. Tracking uploaded on time and validated(有效单号上传率)。

考核期为 3 个月,该项指标针对所有发往美国的交易,不管交易金额大小都被考核在内。这项指标不达标,不会影响到销售额度,但会导致卖家评级达不到Top Rated。

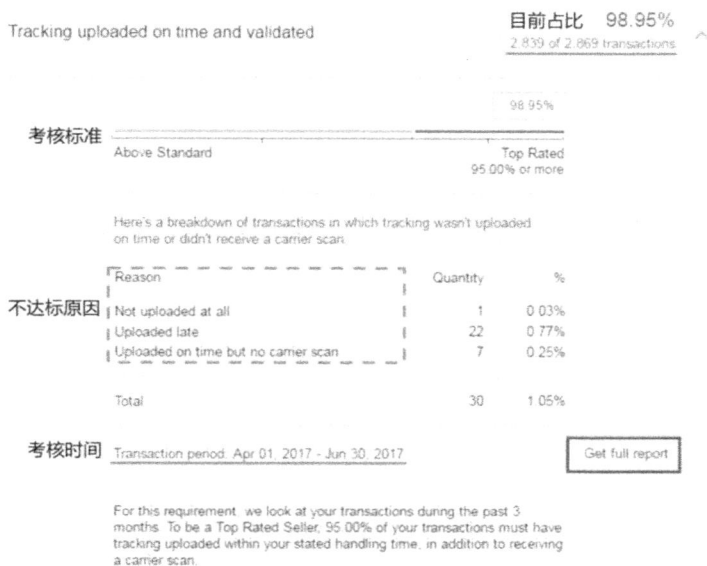

图 3-51

　　如果以上标准全部以优秀的成绩通过, eBay 卖家不仅能拿到优秀评级卖家的大金牌标志, 而且在满足一定条件下, 还可以享受到 10％的成交费返还资格, 并且在买家搜索结果页面的每条 Listing 上面都会有小金牌标志。

【相关链接】

　　eBay 全球销售指南：

　　https://cbt.ebay.com.hk。

第四章　阿里巴巴国际站平台

问题 1：阿里巴巴国际站是什么？

【问题背景】

　　跨境电商作为新的外贸方式、新的交易模式和新的经济增长点，有着巨大的市场潜力和生命力。据电子商务研究中心（100EC.CN）监测数据显示，2017 年中国出口跨境电商交易规模为 6.3 万亿元，其中 B2B 市场交易规模为 5.1 万亿元，占比达到 80.95％，B2B 是当前份额最大的模式。卖家通过 B2B 平台可以向顾客提供出色的服务、独家的产品、低价的产品与良好的配送服务，从而与顾客维持良好的关系、获取其忠诚度。B2B 平台可以连接世界各地的供应商和买家，使双方更方便地交易产品。当前我国主流出口跨境电商 B2B 平台发展的重点是信息撮合型平台转为交易型平台，即提供完善的 B2B 线上支付功能和交易保障，其中最具有代表性的为"阿里巴巴国际站"。

【所需资料】

　　通过文献查阅、网络搜索等方法，查询阿里巴巴国际站相关信息。

【操作技巧】

　　1. 了解阿里巴巴国际站。

　　阿里巴巴国际站（alibaba.com）成立于 1999 年 9 月，是中国最早的互联网公司，它是目前全球最大、成立最久的 B2B 交易平台，拥有超过 3500 万的用户，致力于在互联网上进行电子商务，包括企业对企业，零售和消费者销售门户。它还提供在线支付服务、搜索引擎和云数据存储服务。平台买家来自 190 多个国家。供应商可以免费注册，最多可以刊登 50 种产品，但要刊登更多产品就必须购买会员资格。

2. 了解阿里巴巴国际站与阿里巴巴集团的关系。

从图 4-1 可以看出,阿里巴巴集团旗下从事贸易与零售的平台包括淘宝网、天猫国际、聚划算、速卖通、1688 和阿里巴巴国际站。1688 是面向国内市场的商品批发系统;淘宝网是个人商家 B2C 零售系统;聚划算是团购系统;天猫是企业商家 B2C 零售系统;全球速卖通是阿里旗下面向全球市场的在线交易平台(跨境 B2C/C2C);阿里巴巴国际站是阿里旗下国际商品批发系统(跨境 B2B)。

图 4-1

3. 了解阿里巴巴国际站发展历史。

1999 年 4 月 15 日,Alibaba.com 上线,两年之内融资 2500 万美元。2001 年注册用户突破 100 万,次年实现全年正现金流流入。2007 年被 Alexa 评选为国际贸易最受欢迎网站,福布斯杂志连续 7 年将 Alibaba.com 评选为"全球最佳 B2B 网站"之一。2010 年 11 月,阿里巴巴宣布收购国内的一站式出口服务供应商一达通。2018 年阿里巴巴集团战略重点转向 B2B。

【相关链接】

阿里巴巴国际站:

https://www.alibaba.com。

问题 2：如何开通店铺？

【问题背景】

刘明是一家外贸公司的业务经理,公司除了做传统外贸之外,紧跟跨境电商热潮,着力开拓跨境出口业务,公司规划的跨境出口业务主要基于阿里巴巴国际站。刘明所在公司决定以他为负责人,开通阿里巴巴国际站店铺,开展跨境电商业务。他与阿里巴巴国际站的客户经理进行了对接,签署了合约,并支付了相关费用。

【所需资料】

1. 认证信息:公司中英文名称、营业执照、注册地址、银行账户、营业地址、照片、认证人信息等;

2. 公司信息:公司形象展示图、公司详细信息等;

3. 产品信息。

【操作技巧】

1. 了解阿里巴巴国际站开通流程。

阿里巴巴国际站的开通审核分为三个步骤:提交认证信息、提交公司信息、发布产品信息。

(1)提交认证信息。认证信息需要到款后才能提交,无法提交的话需要去确认是否成功支付了款项。认证信息提交后,需要等待客户经理审核确认以及第三方认证审核。

(2)提交认证信息后,可同步提交公司信息,等待审核通过。

(3)在平台激活之前,可以提前发布 24 个产品,平台激活之后产品正式上架。

三项步骤完成之后,即可进入下一环节,选择开通服务时间,具体步骤如图4-2所示。

2. 提交认证信息。

单击"提交认证信息",进入图 4-3 所示的页面窗口。需要填写企业注册中英文全称、营业执照图片、注册国家地区、中英文地址、对公银行账户信息、企业

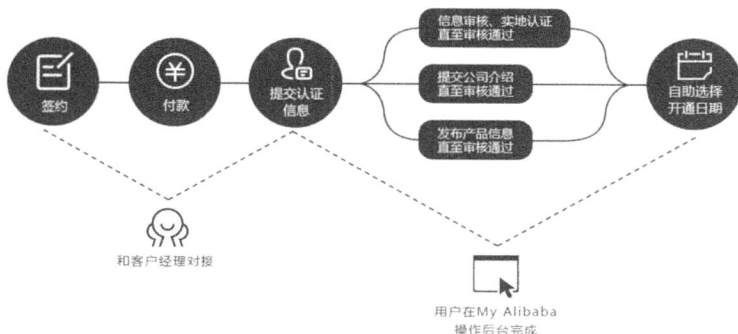

图 4-2

经营地址信息、认证人信息等。

图 4-3

3. 提交公司信息。

公司信息是企业网站的重要组成部分,也是卖家了解企业实力的依据,需要用图片、文字及视频的方式向买家展现公司的方方面面。图片信息应该全面展示公司的外观、样品间、车间等。在线视频可以将企业的形象及实力视频化,借由视频带买家验厂,帮助与买家快速建立信任。文字信息一般包括四部分:

（1）企业名称、创建年份、所属行业、产品系列、子母公司、地段/交通；

（2）员工状况、公司部分、生产经验、管理制度、机械设备、生产能力、销售额；

（3）产品优势、技术、出口信息、知名客户、证书；

（4）广告语、欢迎词、宗旨口号、共同合作等。

4．提交产品信息。

发布产品信息是网站建设的基础，也是最关键的一步，在开始发布产品信息之前，一定要关注阿里巴巴产品发布规则。我们会在问题 5 详细介绍阿里巴巴国际站的产品发布流程。

【相关链接】

阿里巴巴国际站收费：

基础服务费（出口通）-Basic——29800 元人民币/年；

最高会员精品诚企-Golden——80000 元人民币/年。

问题 3：阿里巴巴国际站后台如何解读？

【问题背景】

店铺开通之后，刘明需要快速熟悉阿里巴巴国际站的后台，掌握账号后台的操作技巧，早日使店铺展开实际运营。

【所需资料】

阿里巴巴国际站店铺开通。

【操作技巧】

1. 账户后台。

图 4-4 是阿里巴巴后台页面，序号①是通知栏，序号②是待办事项栏，序号③是信用保障栏，序号④是数据管家，序号⑤是快捷入口，序号⑥是业务管理菜单，序号⑦是外贸圈。

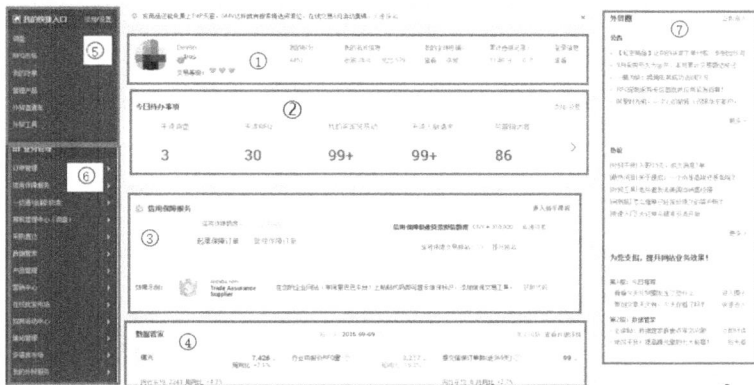

图 4-4

2. 后台业务管理。

阿里巴巴后台业务包括订单管理、信用保障服务、商机管理中心、采购直达、数据管家、产品管理、营销中心、在线批发市场、招商活动中心、建站管理、多语言市场、贸易服务和我的外贸服务。

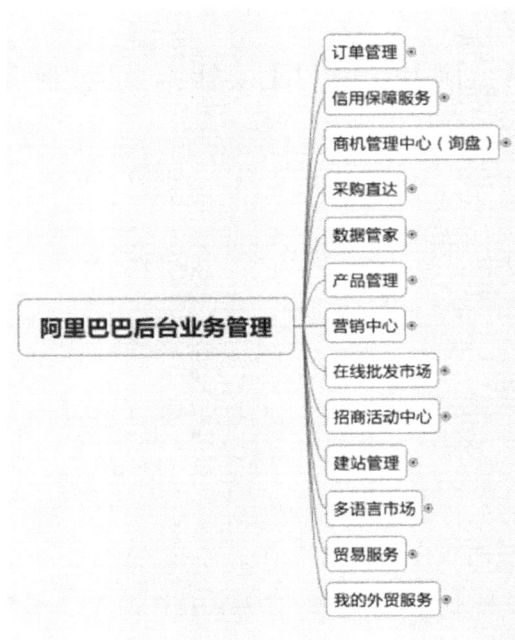

图 4-5

　　订单管理包括所有订单、信用保障订单管理和在线批发订单管理；信用保障服务包括信用订单管理、信用保障额度管理和增值服务；商机管理中心(询盘)包括询盘、客户、邮箱和设置；采购直达包括供应和采购；数据管家包括诊断中心、知己、知买家、知行情和专题；产品管理包括发布产品、管理产品、工具中心和搜索诊断；营销中心包括营销中心概览、外贸直通车、顶级展望和橱窗；在线批发市场包括在线批发产品管理、在线批发订单管理、交易服务和营销推广；招商活动中心包括专场活动、已报名活动和旧平台活动；建站管理包括公司介绍、管理认证信息和企业网站；多语言市场主要包括西班牙语、日语、葡萄牙语、法语、俄语等 12 个主流语种；我的外贸服务包括服务中心和账户中心。

【相关链接】

　　阿里巴巴国际站规则：

　　https://rule.alibaba.com/rule/general/129.htm？spm＝a271m.8038972.0.0.12b5495bgDvUjl。

问题 4：如何发布产品？

【问题背景】

　　发布产品信息是网上开店的基础,也是最关键的一步。刘明注册阿里巴巴国际站账户、缴纳相关费用之后,开始研究发布产品。公司主打产品是纺织服装,在明确阿里巴巴国际站产品发布规则之后,刘明开始准备发布产品。

【所需资料】

　　1. 一份齐全的关键词表(黑色可发,发过标红色,灰色不可以用);

　　2. 对应不同类目或型号的产品图片(包含产品多角度展示、细节展示图片),并进行分类标注;

　　3. 对应不同类目的产品参数信息及交易信息,并进行分类备注;

　　4. 产品内页设计模板。

【操作技巧】

　　1. 登录后台。

　　登录 www.alibaba.com,点击左上角的 Sign In 或者 My Alibaba 进入登录页面,输入登录名和密码后进入后台,如图 4-6 所示,按照"业务管理"—"产品管理"—"发布产品"路径,进入产品发布页面。

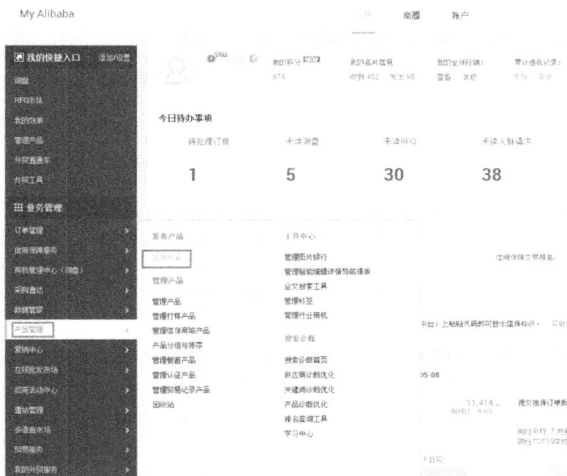

图 4-6

2. 选择类目。

如图 4-7 所示,在"搜索类目"下的搜索框输入关键词,搜索对应类目,并选好对应的类目,页面下方有产品发布规则,可以点击阅读,阅读之后点击"我已阅读如下规则,现在发布产品"。在选择类目时,要注意准确,错放会招致处罚,且导致买家找不到产品,丢失流量。如果产品具有行业交叉的特点,要在准确的基础上选择多个类目进行产品展示。也可以在"您经常使用的类目"中选择。

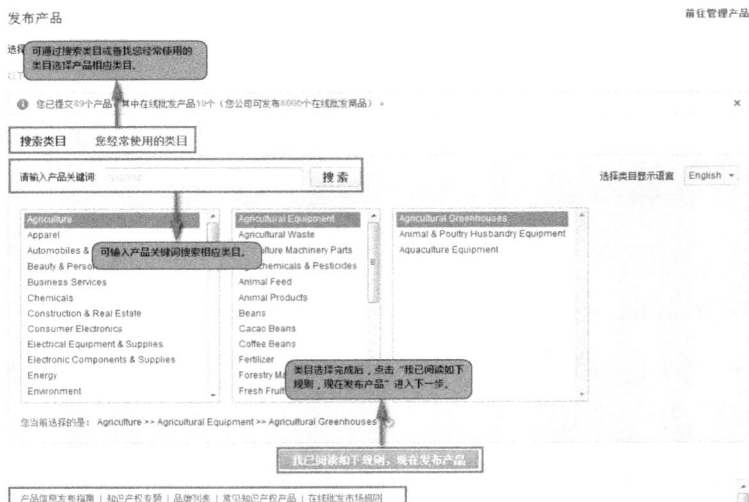

图 4-7

3. 设置产品标题。

产品标题是买家搜索的第一匹配要素,因此在设置时应格外细致。标题应该符合买家搜索行为习惯及偏好,标题中可使用介词 with/for,核心关键词应置于 with/or 前面。产品名称长度要适当,不要把多个关键词在名称中重复累加,并慎用特殊符号。

4. 设置产品关键词。

如图 4-8 所示,设置完产品名称之后需要继续设置产品关键词,关键词应采用常用关键词,不宜过长或添加公司内部产品型号,不建议使用完全相同的关键词,关键词不区分大小写,买家喜好度、单复数会影响到排名。

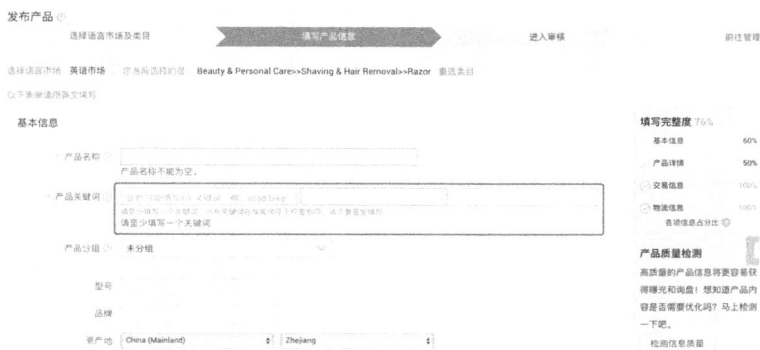

图 4-8

5. 添加产品图片。

点击"浏览"可以从图片银行选取图片,图片包括 1 张主图和 5 张细节图,图片要求:1000×1000 像素,正方形(比例 1∶1),图片格式为 jpeg、jpg、png,大小在 3MB 以内,色彩模式为 RGB。

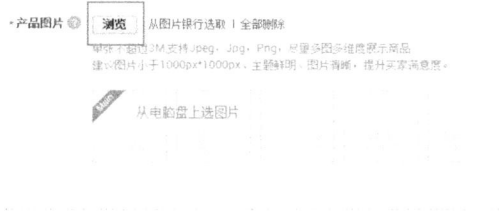

图 4-9

6. 设置产品属性。

如图 4-10 所示,上面一部分是根据所选择的类目推荐出来的属性,要根据所选产品的实际情况进行填写。下面部分是自定义属性,最多可以添加 10 条,是针对产品的补充性说明,自定义属性可以根据自己的需求添加,注意不要与系统给出的属性重复。

7. 设置交易信息。

首先要弄清楚是否要支持一口价。在阿里巴巴国际站上,一口价代表买家可以立即按照此价格进行采购,通常而言卖家不会设置支持一口价,而是引导买家进行进一步磋商。价格的设置可以为阶梯价格,也可以为价格区间。最小起订量要根据产品特性决定,目前的趋势是较低的 MOQ 更吸引买家。支付方式可以多选,如 L/C,D/A ,D/P, T/T,西联汇款,速汇金等。

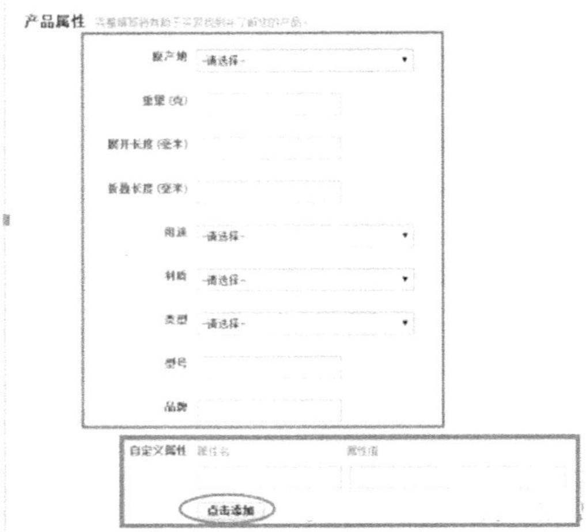

图 4-10

图 4-11

8. 设置物流信息。

物流信息包括发货时间、港口、供货能力、包装形式,常规包装要填写包装形式、尺寸、各类集装箱能装载的件数等,便于买家了解。选择"根据数量设置价格"或"FOB"价格填全系统给出的交易条件,有利于提升买家线上对卖家实力的评估。

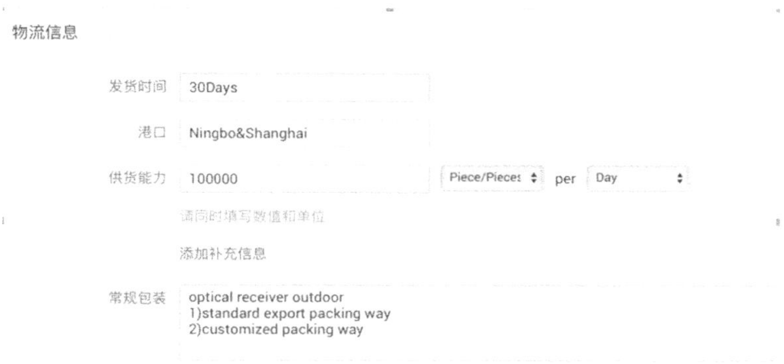

物流信息

发货时间	30Days
港口	Ningbo&Shanghai
供货能力	100000　　　Piece/Piece‡ per Day ‡
	请同时填写数值和单位
	添加补充信息
常规包装	optical receiver outdoor 1)standard export packing way 2)customized packing way

图 4-12

9. 设置特色服务。

特色服务主要是样品服务,分成定价拿样、免费拿样、议价拿样以及不支持拿样。该特色板块跟买家的喜好度有关,经数据调查发现,很多买家第一次下单之前希望能够通过样品对产品有所体验。该板块可以更好地配合信保数据累积,样品单可以更加便捷地走信保。

10. 设置详情页。

此处需要细致分析,我们将在下一个问题处为大家分析如何设置详情页。

11. 全部内容设置完毕,预览无误后点击提交。

【相关链接】

阿里巴巴国际站产品发布新规:

标题、关键词及主图优化技巧,http://www.cifnews.com/article/34322。

问题 5：如何使用商品详情智能编辑器？

【问题背景】

    商品发布是一件非常费时费力的事情，如何提高效率，是卖家们关注的问题。商品详情"智能编辑"是为供应商在 My Alibaba 后台发布产品时提供可以直接套用的格式化字段和行业特性展示的新功能，可以很大程度上提升供应商发布产品的便利性和行业专业度，从而提升买家对产品详情的关注度。刘明打算学习使用这款编辑器，以便后期能够快速上传产品。

【所需资料】

    1. 一份齐全的关键词表（黑色可发，发过标红色，灰色不可以用）；

    2. 对应不同类目或型号的产品图片（包含产品多角度展示、细节展示图片），并进行分类标注；

    3. 对应不同类目的产品参数信息及交易信息，并进行分类备注；

    4. 产品内页设计模板。

【操作技巧】

    1. 在产品发布详情页选择"智能编辑"，并单击"立即体验"按钮。

图 4-13

2. 选择引用合适的行业模板,若没有相应的行业模板,选择基础模板进行操作。

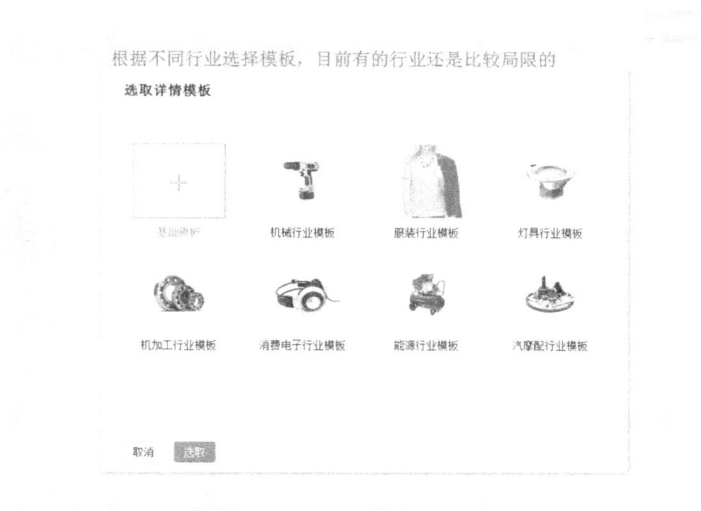

图 4-14

3. 编辑详情。

图 4-15 所示为选取模板后的页面操作布局,可以根据自身需求通过左侧图片、文字等进行模板资源组合和内容填充。

图 4-15

4. 模板保存及调用。

可以保存并导出已经编辑好的自定义导航模块。

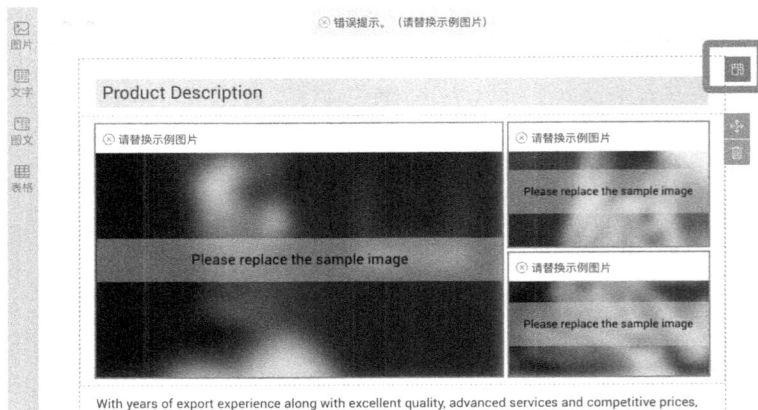

图 4-16

5. 完成商品详情编辑。

输入导航名称、备注信息、模板内容后,单击"保存"按钮。之后在商品表单页面工具中心选择需要的管理智能编辑详情导航模板,并使用。

图 4-17

【相关链接】

1. 详情页图片要求:主题突出,不用杂乱背景,突出细节特征,加上水印或者不加。

2. 详情页的描述要求:风格统一且匹配产品特点;符合买家喜好度;图片精美;充分展示产品卖点;充分展示产品内容。

问题 6：如何开展店铺诊断？

【问题背景】

经过一段时间的发布新产品,刘明正式开展店铺运营。刘明需要掌握店铺每天的运营情况,获得实际的数据,以实时对店铺进行监控。阿里巴巴国际站后台"数据管家"模块,能够结合网站的实际情况,对店铺进行数据解读并提出优化建议。刘明打算认真研究"数据管家"。

【所需资料】

实际开展运营的阿里巴巴国际站店铺。

【操作技巧】

1. 通过诊断中心的全局诊断进行店铺诊断分析和优化。

登录账号后台,单击"数据管家"—"诊断中心",便会出现如图 4-18 所示的诊断报告。诊断报告包括基础建站、推广引流、卖家沟通和订单转化四个板块,每个板块都会有数据解读和优化建议,可以逐条操作。每个板块都会有星级来表达当前的运营能力和距离下一等级的差距。

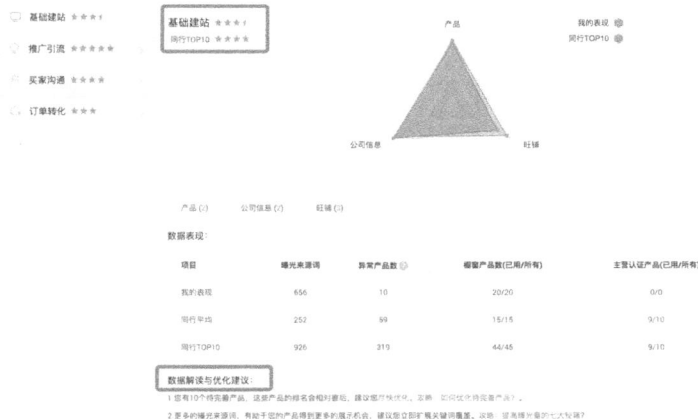

图 4-18

2. 通过数据管家中的"我的效果"进行店铺诊断分析和优化。

阿里巴巴国际站对数据的分析主要是通过曝光、点击和反馈这一条线。判断一个网站操作的标准是曝光到点击的转化率在 1％ 左右,即点击率(点击/曝光)在 1％,点击到反馈的转化率在 10％ 左右,即反馈率(反馈/点击)在 10％。图 4-19 只部分展示了"我的效果"数据维度,除了询盘流量概览、外贸直通车概览,还有 RFQ 概览、信保订单概览、营销概览和产品概览。

图 4-19

3. 通过数据管家中的"我的产品"进行店铺诊断分析和优化。

应该关注产品的曝光、点击、点击率和反馈四个指标,产品可以根据这四个指标分为四类:高曝光低点击、高点击低曝光、高点击低反馈、有反馈低曝光。应该用完善过的产品模板发布产品,这样的产品模板信息质量更好。

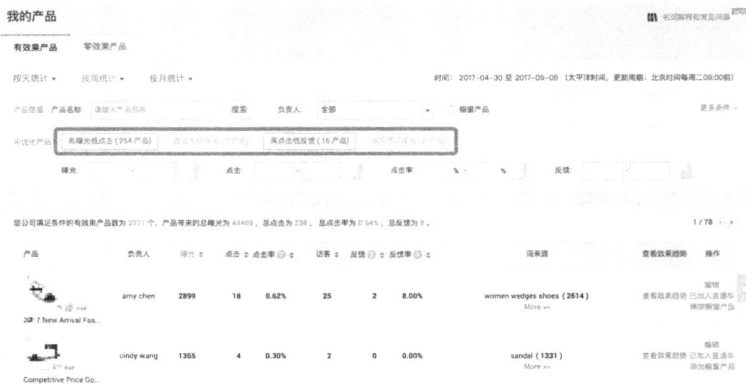

图 4-20

4. 通过数据管家中的"我的词"进行店铺诊断分析和优化。

"我的词"是阿里巴巴对网站上的所有关键词进行分析。直接输入关注的词,点击搜索,查看该词带来的效果,包括曝光量、点击量、外贸直通车的推广效果。也可以按照点击率、曝光量、点击量进行排序,从带来好效果的词开始,分析其是否还有提升空间。找到词之后要评估关键词效果,确定优化方向。

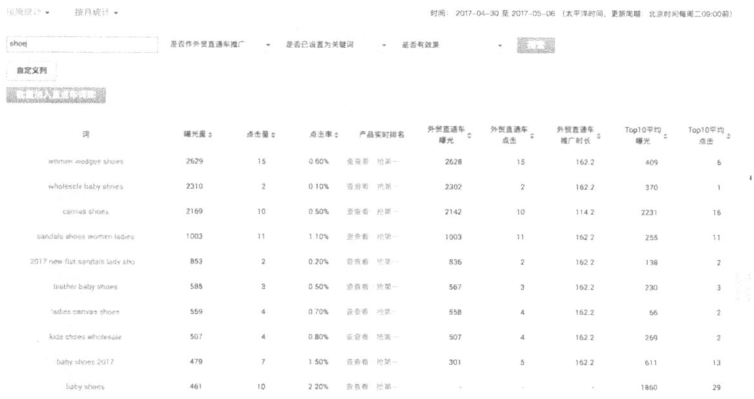

词	曝光量	点击量	点击率	产品实时排名	外贸直通车曝光	外贸直通车点击	外贸直通车推广时长	Top10平均曝光	Top10平均点击
women wedges shoes	2629	15	0.60%	查看 抢第一	2628	15	162.2	409	6
wholesale baby shoes	2310	2	0.10%	查看 抢第一	2302	2	162.2	370	1
canvas shoes	2169	10	0.50%	查看 抢第一	2142	10	114.2	2231	16
sandals shoes women ladies	1003	11	1.10%	查看 抢第一	1003	11	162.2	255	11
2017 new flat sandals lady sho	853	2	0.20%	查看 抢第一	836	2	162.2	138	2
leather baby shoes	585	3	0.50%	查看 抢第一	567	3	162.2	230	3
ladies canvas shoes	559	4	0.70%	查看 抢第一	558	4	162.2	56	2
kids shoes wholesale	507	4	0.80%	查看 抢第一	507	4	162.2	269	2
baby shoes 2017	479	7	1.50%	查看 抢第一	301	5	162.2	611	13
baby shoes	461	10	2.20%	查看 抢第一	-	-	-	1860	29

图 4-21

【相关链接】

1. 产品曝光低,要检查:关键词是否覆盖到位;主打关键词的排名情况;是否开通了 P4P。

2. 产品点击低,要检查:图片是否清晰精美;标题是否匹配产品;是否开通了信保服务;旺旺是否在线。

3. 产品反馈低,要检查:产品详情页是否具体完善;旺铺是否展示了多种实力;服务能力是否需要提升;检查前端曝光点击情况。

问题 7：外贸直通车有哪些规则？

【问题背景】

外贸直通车(Pay For Performance)是阿里巴巴会员企业通过自助设置多维度关键词,免费展示产品信息,通过大量的曝光来吸引潜在买家,按照点击付费的全新网络推广方式。开通外贸直通车,可以为产品带来流量,提升产品在主站页面的排名,它还有免费展示、点击扣费的功能,通过"撒网模式"使得多维度产品被买家看见。刘明需要认真学习阿里巴巴国际站的外贸直通车规则。

【所需资料】

实际开展运营的阿里巴巴国际站店铺,已经开通外贸直通车。

【操作技巧】

1. 了解直通车展示规则。

阿里巴巴国际站外贸直通车的展示规则如图 4-22 所示,关键词出价后,产品会被展示在哪些位置呢？搜索结果第一页主搜区前 5 个位置;搜索结果每一页右侧区 10 个位置;搜索结果每一页底部智能区 4 个位置。

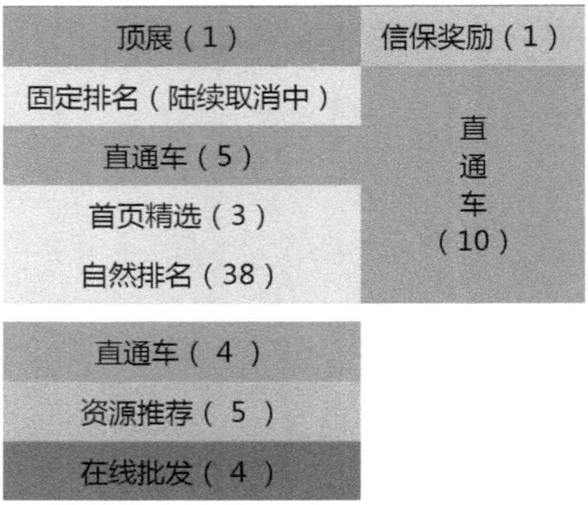

图 4-22

图 4-23 所示为阿里巴巴国际站外贸直通车在没有固定排名情况下的主搜区和右侧展示规则,首页共 19 个展示位,其他页面每页 14 个展示位。从图 4-24

可以看出,直通车的点击率随着位置的降低而降低,但是有几个位置点击率会有所提升,如第 6 和第 16,分别对应的位置是右侧第一个和底部智能搜索区第一个。其在出价时可以用作参考,尽量保持产品出现在该位置上,能够起到更好的效果。

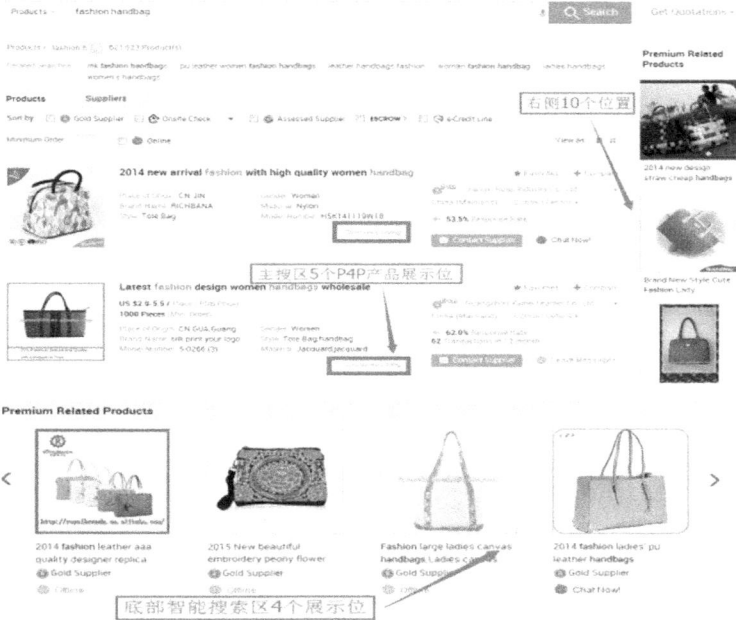

图 4-23

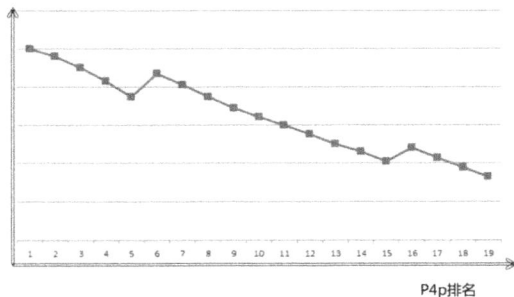

图 4-24

2. 了解直通车排名规则。

P4P 产品排名＝关键词出价×推广评分。产品星级,即推广评分,是指关键词和产品的相关程度以及产品的信息质量,是影响产品展现区域以及排名的重要因素之一,单单一个产品拿出来是没有评分可言的,只有跟不同的关键词去匹配之后才会有评分的概念。

3. 了解直通车扣费规则。

产品被点击后,会按照以下标准来扣费,低价≤扣费≤出价,每天美国西部时间的 0 点会重新计算当天累积的扣费。

$$P4P 扣费 = \frac{下一名出价 \times 下一名产品推广评分}{该产品的推广评分} + 0.1$$

从表 4-1 可以看出扣费不一定等于出价,最后一名出价等于扣费,推广评分排在第一名的不一定扣费最高。因此提高推广评分是降低 P4P 花费的关键因素。

表 4-1

供应商	出价	产品推广评分	总分	排名	扣费
A	16	20	320	2	14.1
B	14	20	280	3	12.6
C	12	30	360	1	10.8
D	10	25	250	4	10.0

【相关链接】

为什么 P4P 实际排名和预估排名不一致?

1.检查推广状态是否为推广中,如果暂停推广,则需要启动推广才会显示排名;

2.检查今日可用余额和该词出价的关系,如果出价大于余额,则不能出现在预期位置。如果已扣费大于预算了,则今日的都不能推广,需要提高预算或等美国时间第二天;

3.检查该关键词是否为固定排名关键词,外贸直通车后台预估排名是否显示为固定排名后的前五名。

问题 8：什么是 RFQ?

【问题背景】

通过店铺的建设和营销,刘明逐渐接触到国外的买家,但是要成功地把握商机,获取订单并且履行订单,刘明觉得还有很多事情要去做。朋友告诉刘明,除了通过询盘,采购直达 RFQ 是买家在阿里巴巴平台上获取客户需求信息的重要方式。

【所需资料】

实际开展运营的阿里巴巴国际站店铺。

【操作技巧】

1. FOQ 的含义与流程。

采购直达(RFQ＝request for quotation),是指买家主动填写采购信息委托阿里巴巴平台寻找合适的卖家,供应商可查看采购需求,根据买家要求及时报价。图 4-25 为 FOQ 在阿里巴巴平台上的页面,在这个公开的大市场中,买家会主动发布采购需求,供应商可以自主挑选合适的买家进行报价。

图 4-25

图 4-26 为 FOQ 的功能构成图,我们可以看到 FOQ 的整个流程,买家在 FOQ 市场发布自己的采购需求,供应商可以主动出击寻找客户,买家能够在 FOQ 市场快捷地找到适合自己的供应商,同时也方便进行供应商报价管理与订

单管理。

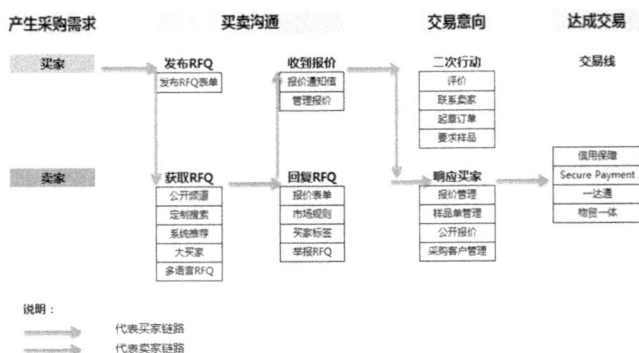

图 4-26

2. RFQ 报价权益。

不同类型的供应商所能够进行的报价条数是有不同限制的,所拥有的权益也不同。比如出口通和金品诚企会员,基础报价权限是 20 条/月,通行证会员是 10 条/月,大陆免费会员是 10 条/90 天,如果当月累计差评≥3 条,次月 3 日起冻结报价权限 7 天。

除此之外,供应商可以通过增加访问采购直达市场的天数、RFQ 报价的天数、有效信保订单数、买家对 RFQ 报价的好评获取奖励权益,具体奖励权益规则如图 4-27 所示。

行为		奖励的报价权限					
登陆RFQ市场	累计天数	5天	10天	15天	20天	25天	30天
	奖励	+2条报价	+2条报价	+2条报价	+2条报价	+2条报价	+2条报价
报价	累计天数	5天	10天	15天	20天	25天	30天
	奖励	+5条报价	+6条报价	+6条报价	+8条报价	+8条报价	+9条报价
RFQ市场支付信用保障订单	累计单数	1单	3单	5单	7单	10单	
	奖励	+10条报价+2畅行	+25条报价+5畅行	+30条报价+5畅行	+45条报价+7畅行	+50条报价+7畅行	
获得好评		每获一个好评,奖励2个报价权限					

图 4-27

在上月有 1 条通过审核的 RFQ 报价且当月有 1 单以上信保订单,可以获得报价特权,如给予"Popular Supplier"标示,在报价列表中可以优先排序,优质RFQ 优先报价。

3. RFQ 的获取。

打开 Alibaba 后台,可以从今日待办事项或左侧采购直达进入 RFQ 市场。获取 RFQ 主要通过三种途径,一是系统推荐,在采购直达频道首页可以获取推荐的优质商机,并收到邮件通知。二是在采购直达频道可直接在搜索栏中输入关键词,查找相关的采购信息。通过对时间、类目、语言、买家所在地、采购数量、剩余席位等条件进行筛选,精准获得 RFQ。三是定制 RFQ,如图 4-28 所示,可以在搜索栏中输入关键词,通过"＋加入我定制的搜索"按钮将该关键词添加到"我定制的搜索"中。完成定制后,与该关键词相关的 RFQ 能够通过邮件和旺旺方式通知卖家。

图 4-28

【相关链接】

RFQ 智库百科:

https://sourcing.alibaba.com/rfq/Supplier_Center.html? spm＝a2700.8073605.scGlobalHeader.69.24d137adNSZFxc&tracelog＝header_supplier_center♯rfqbaike。

问题 9：RFQ 如何报价？

【问题背景】

面对众多 RFQ 时，刘明分析完 RFQ 详情和买家信息，就要对采购需求明确的 RFQ 进行报价。因为每月可以回复的权益有限，刘明必须认真挑选合适的 RFQ 进行回复。

【所需资料】

实际开展运营的阿里巴巴国际站店铺，寻找到合适的 RFQ。

【操作技巧】

1. 分析 RFQ。

首先分析搜索展示页面，重点关注标题、采购数量、国家、剩余报价席位等。从标题可以判断买家需求是否和卖家匹配，如果剩余报价席位是 0，除非是畅行权限，否则没有机会报价。

其次是详情校对，需要校对 IP 与位置是否一致，公司名称是否真实存在，RFQ 细节描述是否详细。客户自主编写的信息，一般会写清楚需求产品的描述、报价要求等，以及以附件形式附上产品图片或文档。通常，该部分内容越详细，RFQ 的质量就越高。

分析买家信息，可以让卖家了解对方的性别、职位、采购惯例和公司情况，还可以分析买家的偏好，检索过哪些信息，发布过多少求购信息，登录网站的频率等。

2. RFQ 报价。

分析完 RFQ 和买家信息，挑选出合适的 RFQ 就可以开始报价。单击"立即报价"（Quote Now）按钮，填写报价表单，就可以回复。如图 4-29 所示，报价表单是阿里巴巴平台提供的回复 RFQ 的固定格式。

（1）产品名称。名称需与买家的 RFQ 名称高度匹配，标题一定要提炼精华，最好不超过 50 个字符。买家是否点开，取决于 RFQ 报价的主标题，标题一定要吸引买家，可以注明自己是工厂、出货快、工厂价格等信息。

（2）产品细节。好的产品细节需要包含完整的产品描述说明、产品的卖点和优势,并对顾客特别提出的问题予以答复,还要有清晰明了的排版。

(3)图片。图片虽然不是必须选项,但是非常容易吸引客户,图片以正方形(1000 像素×1000 像素)为宜,可依次放置产品正面、侧面、细节、材质等的图片。

(4)价格。报价有效期必须填写,但不要时间过长。行业价格或者汇率波动较大时,时间越长风险越大,较短的有效期也暗示顾客及早下单,避免价格上涨。

(5)样品。提供样品是提升 RFQ 报价竞争力的有效技巧,有技巧的样品费用说明有助于后期订单的转化。

(6)给买家的消息。可以用还盘格式写,针对买家需求进行说明补充,也可以向买家提问首单货值,鼓励客户下单,还可以体现公司实力和优势。

(7)文件上传。平台规定字段不能展示优势,可以上传附件,如公司相关产品目录、买家关注的资料、公司实力展示资料等。

图 4-29

【相关链接】

RFQ 基础入门操作培训视频：

https://waimaoquan.alibaba.com/px/activity/zt/rfqrumen.php? spm＝5386.7818955.1998809233.2.afJnOE♯? tracelog＝pxztrfq。

问题 10：如何开展多语言市场产品发布？

【问题背景】

虽然英语是国际贸易的主要通用语言，但是仍然有很多国家的采购商不懂英语。为了使客户通过更多的途径了解自己，为了给顾客提供更便利的查看环境，阿里巴巴创建了多语言平台，2013 年 7 月正式向供应商开放，目前已有 11 个可供独立发布产品的市场。刘明所在公司的目标市场为西班牙语系国家，因此他打算在西班牙语市场发布产品。

【所需资料】

实际开展运营的阿里巴巴国际站店铺。

【操作技巧】

1. 进入"多语言市场"。

在"My Alibaba"操作平台左侧的导航栏选择"业务管理"—"多语言市场"选项，即可进入多语言后台管理首页，如图 4-30 所示。

图 4-30

2. 选择产品类目。

选择类目市场,单击"发布产品"选项即进入类目选择。可以按照层级依次选择产品归属,或者输入关键词搜索对应的类目,随后点击"我已阅读如下规则,现在发布产品"。

3. 填写表单。

产品发布流程与国际站平台基本一致,只有细微差别。多语言平台的表单顺序不同,主要由基础信息(名称、关键词、主图)、产品属性(专业、通用、自定义)、产品描述(普通编辑,5 万字符以内)、交易信息(在线批发、付款、物流)组成,比国际站平台简单一些,关键词只能设置一个,只能设置旺铺内产品分组,可以直接设置在线批发。

4. 提交发布。

表单填写完毕即可提交审核,审核通过后会发布在对应站点上,如图 4-31所示。

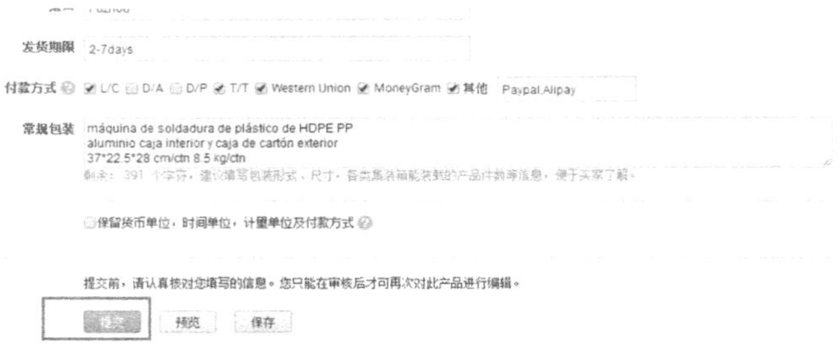

图 4-31

【相关链接】

阿里巴巴国际站设置多语言展示功能教程:

https://waimaoquan. alibaba. com/bbs/read-htm-tid-2048914-fid-331. html? tracelog＝mashang_wmq3_grow1。

问题 11：如何开展谈判沟通？

【问题背景】

贸易双方经过询盘、报价请求等流程，可以获得交易机会，但是买卖双方极少出现一方报价，另一方立刻接受的情况，此时双方便会进入多轮洽谈状态。在阿里巴巴国际站，商务谈判和沟通主要在商机管理中心完成，刘明需要对该模块尽快熟悉，以便顺利开展订单磋商。

【所需资料】

实际开展运营的阿里巴巴国际站店铺。

【操作技巧】

1. 了解阿里巴巴国际站订单全流程。

图 4-32 为阿里巴巴国家站订单全流程，商务谈判主要集中在第 2、3、4 步，即回复询盘、单方确认订单和双方确认订单。

图 4-32

2. 收到询盘/订单。

在阿里巴巴国际站后台，卖家会从两种买家端发现商机，一个是买家通过点击"Contact Supplier"产生的普通询盘，还有一个是买家通过在产品详情页面点击"Start Order"产生的"买家单方确认的订单"。后者的信息完整性和真实性较好，买家端订单填写率为 100%。

3. 回复询盘/订单。

图 4-33 是订单磋商阶段的页面，收到询盘，查看页面左侧买家基本信息，对

买家可以有一定了解。确认该笔业务可以继续后，可以进入"回复询盘/订单"阶段。

点击"起草意向合同"选项，填写 Product、Shipping、Payment、Contacts 等信息。这些信息在双方确认订单前可以反复修改。

页面右侧的聊天窗口可以和买家就填写合同过程中不明之处进行确认，如产品单价、包装、物流方式、发货时间等。

图 4-33

4. 单方确认订单。

按照顺序填写订单，可以查看订单完成率，没有达到 100% 的话，点击"确认订单"页面可以查看哪些模块需要补充。当所有信息填写完毕，单击"确认订单"按钮，系统会告知你已经单方确认订单，需要买家确认。

图 4-34

5. 双方确认订单。

对方收到后若对订单进行修改，就变成了对方的单方面确认订单，对方发回给我方,我方不修改确认,订单就会进入下一个环节——买家支付,此时卖家可以看到"查看订单"按钮,此时可以提醒买家付款,买家端可以看到"Go To Pay"按钮。

图 4-35

【相关链接】

阿里巴巴国际站询盘处理培训视频:

https://peixun. alibaba. com/series/detail _ CSL1X9X7. htm? spm ＝ a272a. 11095222. jahxh74p. 13. 6302214eKGiaM3。

问题 12：什么是一达通？

【问题背景】

一达通是阿里巴巴旗下一站式外贸综合服务平台，为中小企业提供专业、低成本的通关、外汇、退税及配套的物流和金融服务。刘明公司规模不算很大，跨境电商业务部人员配置少，大部分精力放在了业务前端，一达通提供的服务能够帮他解决实际需求。

【所需资料】

实际开展运营的阿里巴巴国际站店铺。

【操作技巧】

1. 一达通的服务模式。

针对不同服务对象，一达通提供了两种不同模式的服务，即"3＋N"模式和"2＋N"模式。

"3＋N"模式的流程包括：下单—出口报关—收结汇——达通垫付税款—外贸服务补贴款发放—结算，准入条件包括：(1)非境外(中国香港、中国台湾除外)、个人非出口综合服务尚未覆盖地区的企业(如福建莆田等)；(2)出口的产品在一达通可以出口的产品范围内；(3)开票人符合资质要求。服务收费标准：(1)免收基础业务服务费；(2)出口环节(通关、物流)费用按照实际操作过程中发生的费用收取；(3)垫付退税服务费为退税款的14％。

"2＋N"模式的流程包括：下单—出口报关—收结汇——达通开具"代理出口货物证明"—客户在当地税务局自行申报退(免)税—外贸服务补贴款发放—结算，准入条件包括：(1)非境外(中国香港、中国台湾除外)或个人企业、非福建莆田地区企业；(2)客户须具有"出口退(免)税资格认定"；(3)出口产品非一达通出口代理服务禁止操作的产品。服务费用：(1)免收基础业务费用；(2)外贸服务补贴：自助下单一美元补贴一分，人工下单无补贴；(3)出口环节(通关、物流)费用按照实际操作过程中发生的费用收取。

2. 一达通金融服务。

一达通提供的金融服务产品包括：一达通流水贷、信用证融资产品、赊销保、锁汇保、退税融资、信用保障融资、结算保。

3. 一达通物流服务。

一达通提供的物流服务包括：国际海运、国际空运、国际快递和陆运，都可以通过在线下单的方式选择对应的物流供应商。

4. 一达通开通流程。

首先登录一达通官方网站：http://onetouch.alibaba.com/，在首页点击"申请一达通服务"。

图 4-36

随即会跳转到一达通服务申请页面，如图 4-37 所示，输入联系人邮箱、企业名称、企业所在地、联系人姓名、手机和固定电话等信息，单击"立即报名"。在线提交资料后，联系阿里巴巴客户经理，然后签署"外贸代理出口"协议。

图 4-37

协议提交后，准备一达通出货产品的预审和工厂的预审，此项工作会在客户经理的协助下完成。审核通过后，即可开始使用一达通的服务。目前，单独使用一达通服务的要求是阿里巴巴注册会员用户，首次通关金额大于等于 1000

美元。

【相关链接】

一达通培训视频：

https://supervideo.taobao.com/course/videoOnPlay.htm? code ＝ PX-TF195Q＆seriesCode＝CS673J39＆u_ticket＝5p4uQD。

问题 13：如何操作信保订单？

【问题背景】

信保订单是阿里巴巴推出的跨境 B2B 信用保障交易产品，能够通过外贸大数据为中国外贸企业向全球买家做信用背书，帮助供应商向买家提供贸易安全保障，解决国外买家对国内卖家的信用质疑，促成交易快速达成。对于新卖家而言，尝试信保订单，也有利于提升排名。刘明打算熟悉信保订单。

【所需资料】

实际开展运营的阿里巴巴国际站店铺。

【操作技巧】

简单而言，信保订单有三个阶段：在线双方确认—信保支付——达通出口。

1. 开通信保订单服务。

开通阿里巴巴信用保障服务，有两种途径，一是登录 My alibaba 后台首页一点击信用保障板块—点击免费开通，二是直接登录信用担保服务的运营页面(http://bao.alibaba.com)—点击立即申请。如果是阿里巴巴国际站付费会员，通过以上两步可以开通信保服务。如果是免费会员，则需要填写企业认证信息，提交完成后实时反馈开通结果。

2. 起草信保订单。

信保订单功能开通后，在后台页面左侧"信用保障服务"选项单击"起草信用保障订单"，卖家起草订单支持在线起草和上传附件两种模式。

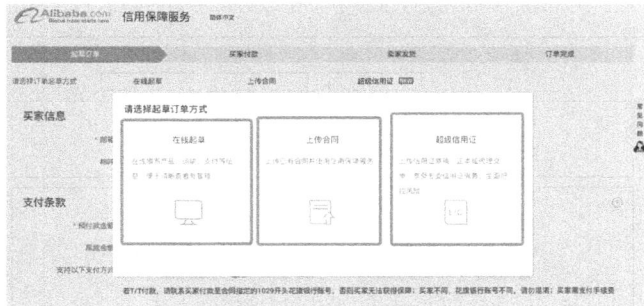

图 4-38

买家邮箱(注册及非注册都可以)填完必须点击"匹配买家信息"按钮。买家卖家都可直接"上传线下合同"。线下合同中不要写收款账号,信保订单提交后会生成新的收款账号,每次订单的账号不一样。

3. 填写价格信息。

填写价格信息,需要填写订单的总金额,即收款的总金额。

图 4-39

4. 填写保障方式。

如果选择 0 保障,无须勾选"信用保证条款"。不占用信保额度、订单不提供保障,但信保订单权益不变。选择"保障到发货前",则发货后释放信保额度;选择"保障到收货后",则在买家确认收货后释放保障额度,至此信保订单保障结束。

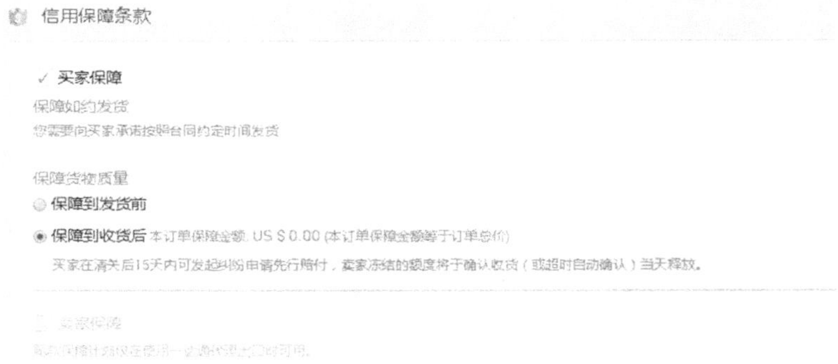

图 4-40

5. 提交订单。

待信息都确认无误以后,选择提交订单,此时需要手动勾选"知晓信保需要通过一达通出口"。

6. 等待买家确认。

　　订单提交成功后,供应商可以复制订单链接并发送给买家,买家登录(需要与合同对应的买家账号)后即可直接确认订单。

图 4-41

　　7. 确认合同,完成支付。

　　目前,信保订单的付款方式有三种,e-Checking(仅对美国银行开放)、信用卡和 T/T。

　　8. 卖家发货。

　　信保订单收款后,按照约定的时间发货。信保订单需要通过一达通发货报关出口。通过一达通起草委托单,然后和信保订单进行关联即可。信保订单必须通过一达通出口,1 个信保订单必须至少关联 1 个委托单,多个信保订单不能关联 1 个委托单。关联的出口订单通关放行时间不得早于信保订单的起草时间。

图 4-42

9. 买家确认收货。

收到货物,买家觉得没有任何问题,确认收货,也可以提交评价,如果买家一直未确认,则 N 天后系统自动确认收货。N=15 天(空运)/30 天(陆运)/45 天(海运)。

【相关链接】

阿里巴巴信保订单卖家操作详细流程:

https://waimaoquan. alibaba. com/bbs/read-htm-tid-2948694-fid-331. html。

问题 14：收到知识产权投诉该如何处理？

【问题背景】

近年来跨境电商大热，使得贸易的门槛越来越低。我国部分卖家对知识产权方面的认识较为薄弱，很容易踩入知识产权的雷区。应对知识产权侵权投诉，加强知识产权的自我保护，已经成为有追求的跨境电商卖家们必学的功课。作为新手卖家的刘明不小心中招了，他发布的一款商品被国外卖家投诉侵权，他该如何处理呢？

【所需资料】

实际开展运营的阿里巴巴国际站店铺。

【操作技巧】

1. 查看了解投诉方详情和被投诉产品。

用主账号及密码登录到阿里巴巴知识产权保护系统，可以查看详情。登录后在"被投诉管理"模块下可以看到"待回应的投诉"和"历史被投诉记录"。找到对应投诉，点击"知识产权编号"查看知识产权详情，点击"投诉方"下的投诉方名称查看投诉方联系方式等信息，点击"立即处理"或者"立即查看"，查看具体被投诉的产品信息。

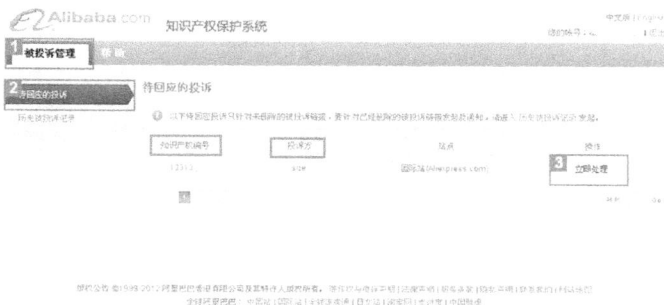

图 4-43

在"历史被投诉记录"一栏点击"立即查看"，然后再点击"查看快照"即可查看，如图 4-44 所示。

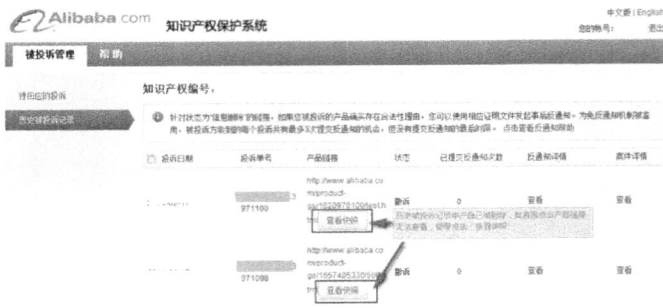

图 4-44

查看权利人知识产权商标详情,由此链接查询到的专利信息系相关国家专利信息的英文翻译版本,专利编号前需要添加相关国家的国家代码 country code,如德国为 DE,美国为 US,法国为 FR,日本为 JP 等,查看阿里巴巴平台品牌参考列表。

2. 积极响应投诉,如认为不构成侵权或具备品牌合理授权,可以进行反通知申诉。

登录阿里巴巴知识产权保护系统。点击"被投诉管理"中的"待回应的投诉",对链接还未被移除的投诉发起反通知,如图 4-45 所示。也可对历史投诉记录发起反通知:点击"被投诉管理"中的"历史被投诉记录",查看案件情况。

图 4-45

在"发起反通知"页面填写反通知表单。

图 4-46

也可以联系投诉方以协商撤诉方式解决问题。登录知识产权保护系统,找到对应的投诉信息,点击"投诉方信息"进行查看,查看到投诉方联系方式后,联系对方进行沟通。

3. 如产品信息涉及品牌侵权,应及时排查清理产品,避免重复侵权。

登录知识产权保护系统,在"被投诉管理"模块的"待回应的投诉"或"历史被投诉记录"下能查看投诉方知识产权信息和联系方式,点击"立即处理"或"立即查看"即能看到被投诉的产品链接,若对投诉没有异议,则可以点击"立即删除"。

在 My Alibaba 后台—产品管理—全文搜索工具,已审核通过产品的文本信息(不含图片),可通过一个完整的英文单词检索出该单词所涉及的产品,便于自行管理和排查侵权禁售的产品信息。如输入的搜索词存在于商品的名称、关键词、自填属性、详细描述中,需要及时删除。

【相关链接】

阿里巴巴国际站知识产权规则:

https://rule.alibaba.com/rule/detail/1990.htm。

问题 15：如何处理贸易投诉和欺诈？

【问题背景】

在外贸交易中，风险和陷阱无处不在，防范外贸陷阱是每位跨境电商从业人员必须面对和解决的问题。作为新卖家，刘明首先需要明了贸易欺诈和投诉的类型，其次要掌握如何处理贸易投诉，当然最重要的是掌握如何避免贸易投诉和欺诈的发生。

【所需资料】

实际开展运营的阿里巴巴国际站店铺。

【操作技巧】

1. 跨境电商欺诈类型。

跨境电商欺诈类型包括双方欺诈和三方欺诈：

(1)双方欺诈比较容易理解，一方主体以非法占有为目的，通过虚构事实或者隐瞒真相的方法，骗取对方的信任，进而使对方支付货款或者发出货物，而不履行或者不完全履行已方义务，以骗取对方财物的行为。这类欺诈一般会存在伪造身份和明显低价的特点。

(2)三方欺诈涉及跨境电商交易双方和第三方，这类欺诈一般存在第三方截取信息，冒充一方身份进行交易的情况。

2. 跨境电商投诉类型。

未收到货物招致投诉，包括三种情况：(1)直接不发货。买家付款后，供应商在收到投诉时，货物仍然未发出。(2)虚假发货。买家付款之后，供应商提供虚假发货凭证，供应商收到投诉时，投诉方没有收到货物或者提供的物流单号无追踪信息。(3)拒绝退货。买卖双方协商一致买家退货后，供应商不予解决(拒绝重新发货、拒绝退款、不合理拖延、联系不上等)。

货物与约定不符招致投诉的情况，包括三种：(1)买家收到的货物，存在严重的质量问题。(2)买家收到的货物少于合同约定的数量或者重量。(3)买家收到的货物是假货，不是正品。

3. 如何处理贸易投诉。

买家未收到货物,供货商应与买家协商发货或者退款,然后提供发货或者退款底单作为解决问题的凭证。货物与约定不符,供货商应与买家协商补发货物、补差价或者共同协商其他解决办法。

4. 如何避免贸易投诉和欺诈的发生。

(1)做好账号管理。防止邮箱被盗,小心账号转让的陷阱。

(2)提高警惕,识别骗子买家。通常买家会以大单诱惑,支付预付款或提供造假水单的方式行骗,之后拒付尾款或者强要折扣,甚至用一些不正当手段提取货物,停止沟通。

(3)签订合同时注意:避免过度承诺,尽可能给自己留一点空间;避免欺瞒买家,当无法按照合同约定交货时将实话告知,更能得到买家的理解;避免不理睬,双方出现纠纷时,友好的沟通通常可以减少买家投诉。

(4)发货之后注意:①关注物流运输情况。物流原因导致货物灭失,应及时联系物流公司赔偿,将实情告知买家,给出赔偿方案,避免自己受损,也更能得到买家理解。②及时协助客户收货物。货物到达买家国家,可能因为海关导致货物被退回或者因为派送不成功被退回。应及时提醒客户货物已经到目的地,减少因为第三方导致未收到货物的情况的发生。③保留产品发货凭证信息,如产品照片、发货批次的产品质检报告,保证在产生纠纷时能有证明无责的材料。

【相关链接】

阿里巴巴投诉举报平台使用协议:

https://rule. alibaba. com/rule/detail/2027. htm? spm ＝ a271m. 8038972. 1999288231. 9. 2e30495bh0DHef。

第五章　Wish 平台

问题 1：Wish 是什么？

【问题背景】

在跨境电商行业飞速发展的激流中，2013 年成立的 Wish 平台像一匹黑马，用了 3 年时间成长为北美和欧洲最大的移动电商平台。很多中小型商户在 Wish 平台实现了逆袭，找到了创业发展平台。高林是某高校国际贸易实务专业大三学生，在校期间他曾经营过淘宝店铺，随着经验的提升与眼界的开阔，他打算在 Wish 平台开立店铺。

【所需资料】

通过文献查阅、网络搜索等方法，查询 Wish 平台相关信息。

【操作技巧】

1. 了解 Wish 平台概况。

Wish 是一个源于移动端的跨境电商平台，99％的交易都在移动端进行，用户可以随时随地浏览购物，从打开 App 到完成付款流程不过数秒，有 iOS、安卓和 Web 三个版本。2017 年，Wish 平台拥有 4.2 亿用户群体，1000 万的日均活跃买家用户。

2. 了解 Wish 平台销售特点。

Wish 有独特的商品推送原理，它淡化店铺的概念，弱化搜索功能，根据用户在社交网络浏览轨迹分析用户爱好，采用独特算法，向用户推送与之喜好匹配的商品，即"千人千面"。

3. 了解 Wish 平台的类目。

在 Wish 平台排名前 5 位的类目分别是：Fashion、Gadgets、Hobbies、Beauty、Home。比较受买家青睐的类目普遍具有的特点是：产品种类丰富、更换频率高、容易产生话题。新卖家应该选择有潜力的或即将被拓展的类目，避免激烈竞争，因为后台对于重复或相似度高的商品会将其判定为同款，只推荐其中一个商品，发布同质化商品不会带来任何流量和曝光。

【相关链接】

　　Wish 平台登录页面：

　　https://www. merchant. wish. com/welcome? pagetype＝0。

问题 2：如何注册 Wish 账号？

【问题背景】

Wish 作为移动端电商平台的领跑者，成长速度非常快。经过调研，发现家居用品在 Wish 平台很受买家青睐，利润水平相对较高。高林家乡是著名的纺织品制造基地，因此货源不是问题，他打算利用 Wish 平台开展创业活动，首先他需要做的就是注册店铺。

【所需资料】

1. 身份证；

2. 没有注册过 wish 账号的手机；

3. A4 纸；

4. 电子邮箱。

【操作技巧】

1. 登录 https://www.merchant.wish.com/welcome? pagetype＝1，点击"免费开店"。

图 5-1

2. 开始创建 Wish 店铺。

如图 5-2 所示，输入常用的邮箱开始注册流程，该邮箱也是未来登录账户的用户名。设置登录密码，填写手机号码以及右边显示的图片验证码，输入手机短信验证码,完成以上所有步骤之后,点击"创建店铺"。

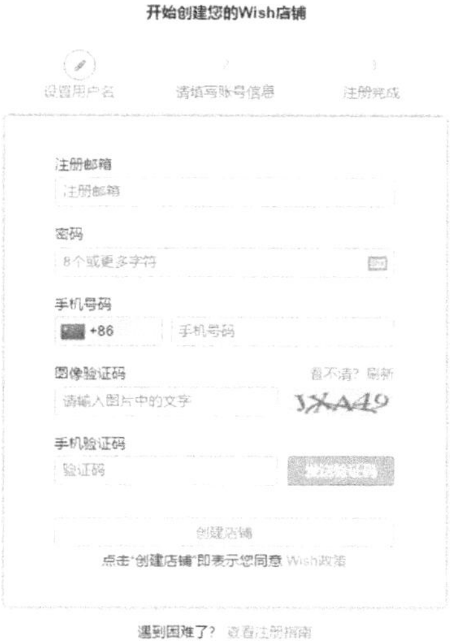

图 5-2

3. 阅读商户协议,验证邮箱。

点击"创建店铺"后,阅读 Wish 商户协议,并在全部阅读完后点击最下方"同意已选条款"选框,Wish 将发送验证邮件至注册时使用的邮箱,点击"立即查收邮件",在邮件中点击"确认邮箱"。

4. 填写账户信息。

如图 5-3 所示,目前在"告诉我们您的更多信息"页面,输入店铺名称,店铺名称不能含有"Wish"的字样,店铺名称一旦确定将无法更改。输入姓氏和名字、所在的国家、省份、城市、街道地址以及邮政编码,点击"下一步"继续注册流程。

图 5-3

5. 实名认证。

注册后立即进入实名认证,选择账号类型为"个人",输入身份证号,准备好拍照工具、本人身份证、深色笔及一张 A4 白纸。使用数码相机或拍照像素在 500 万以上的手机(不要使用具有美颜功能的机型),照片清晰度和文件大小(3MB 以内)将影响实名认证,谨慎选择拍照工具,整个认证需要在 15 分钟内完成。

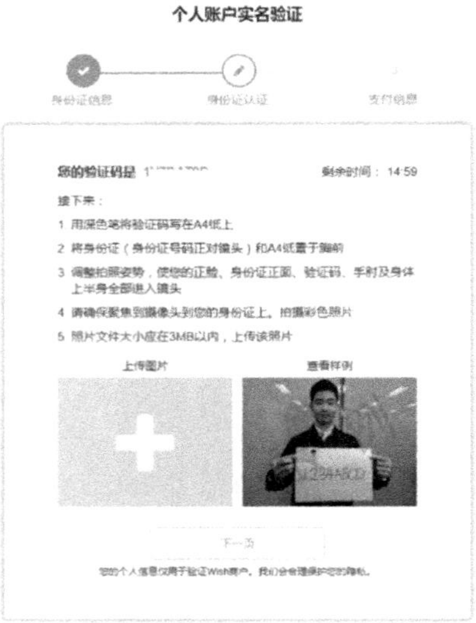

图 5-4

上传验证照片，点击"下一步"进入支付的选择，此处将会添加收款信息，以便 Wish 业务开展后能正常收到货款，可选择多种收款方式，如 PayPal China、Payoneer、PayEco 等。

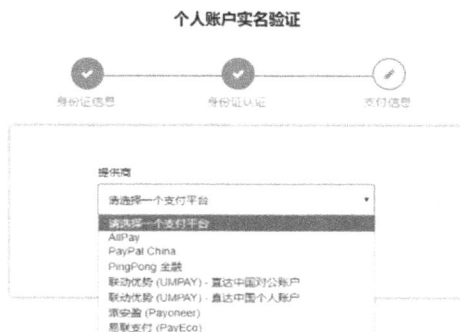

图 5-5

确认无误后提交审核，审核需要 1—3 个工作日，到此 Wish 注册流程已全部完成。如若提交的信息在审核后被退回，应及时按照 Wish 商户后台要求更新，以免耽误开通账户。

图 5-6

【相关链接】

Wish 账户注册步骤指导：

https：//merchantfaq. wish. com/hc/zh-cn/articles/219188967-％E6％B3％A8％E5％86％8C％E6％AD％A5％E9％AA％A4％E6％8C％87％E5％AF％BC。

问题 3：如何添加新产品？

【问题背景】

发布产品信息是网上开店的基础，注册完账号之后，高林开始研究发布产品。作为 Wish 平台的商户，可以使用三种方法的其中一种来发布/上传产品：手动、CSV 文件或 API。对第一次登录 Wish 的新商户推荐手动上传产品，以便熟悉流程和平台。

【所需资料】

产品标题、图片、库存信息、物流信息、产品信息等。

【操作技巧】

1. 填写基本信息。

可以通过商家操作界面里的添加新产品来手动上传 Wish 产品，在左侧菜单栏里点击"产品"—"手动添加"—"手动"，进入以下操作界面，完整填写该商品的全部基本信息包括商品名称、介绍、标签及唯一属性的商品 ID。可为商品添加 10 个标签，更多的标签将会帮助消费者更容易找到产品。如填写正确，将会有绿色的打钩标志。

基本信息

Product Name ❷	可接受：Men's Dress Casual Shirt Navy
Description ❷	可接受：This dress shirt is 100% cotton and fits true to size.
Tags ❷	可接受：Shirt, Men's Fashion, Navy, Blue, Casual, Apparel
Unique Id ❷	可接受：HSC0424PP

图 5-7

2. 上传产品图片。

Wish 平台强烈建议商户为产品上传大量高质量的图片。这可让潜在顾客能够多视角地观看商品以达到更多的曝光。拖拽图片、从电脑上传、图片链接上传是三种不同上传图片的方法，其中拖拽图片方法最为简单。上传界面如图 5-8 所示。

主图片

将文件拖放至此处

或

从计算机选择

或

网络地址 (URL)

严禁在 Wish 上出售伪造产品。

配有多张高质量图片的产品往往销售情况最好。

添加像素至少为 800×800 的图片。

不得盗取其他商户的图片,否则您的产品将被删除。

有关知识产权规则的更多信息,请查看 品牌大学

额外图片

从计算机添加　　通过网络地址 (URL) 添加

将文件拖放至此处　将文件拖放至此处　将文件拖放至此处　将文件拖放至此处　将文件拖放至此处

图 5-8

3. 添加产品价格、运费与库存信息。

在这个菜单可以填写产品的价格、数量、运费以及配送时长。价格需要包括
15％的平台佣金。可以从显示的时间范围内选择预设配送时长;如果配送时长
范围不在可选列表内,可以手动输入配送时长范围。

库存和运送

Price　可接受: $100.99

Quantity　可接受: 1200

Shipping　可接受: $4.00

利润

Shipping Time　5 - 10　7 - 14　10 - 15　14 - 21　21 - 28
其他　最小预估数　最大预估数

图 5-9

4. 添加物流信息。

物流信息主要包括清关商品名称、数量、包装尺寸、原产地、HS 编码、价格,
是否有粉末、液体、电池和金属材料。

图 5-10

5. 增加尺寸和颜色。

齐全的尺码和颜色信息，能够提升产品销量。添加颜色时，只需选中想添加颜色旁边的方块，还可以添加额外的颜色到"其他"。添加尺寸时，首先选择要上传产品的类型，如服装、电子等。当选择了正确的类目后，尺码表将会调整以显示标准的尺码。一旦选择了产品类别，点击想为此产品列出的尺寸旁边的方框。

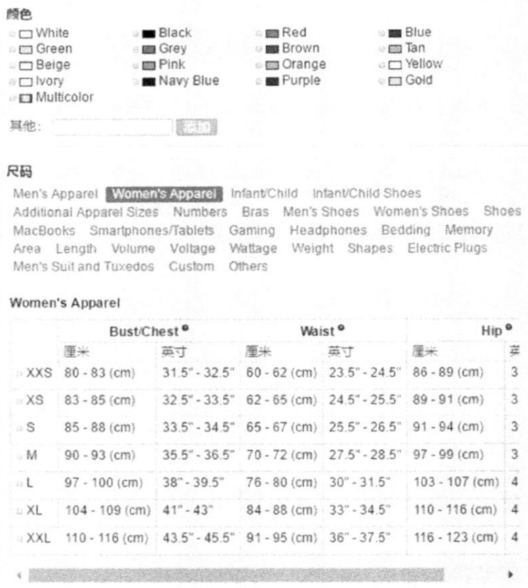

图 5-11

　　产品变量表格可以自动生成之前输入的产品信息,为了让产品信息更加全面,可以完善、扩充多选信息板块。可以增加 MRSP、品牌名称、商品链接和编码。点击相应字段来增加产品属性,最后点击"提交",即可上传产品。

【相关链接】

　　Wish 平台添加产品指导:

　　https://merchantfaq. wish. com/hc/zh-cn/articles/204529848-％ E5％
A6％82％E4％BD％95％E6％B7％BB％E5％8A％A0％E4％BA％A7％E5％
93％81-。

问题 4：如何用 CSV 批量上传产品？

【问题背景】

　　CSV 文件上传产品信息能够实现快速批量上传产品，CSV 文件是一种能够将几百个甚至上千个产品一次性导入系统的文件，可以通过如 Microsoft Excel 或 Google Drive 表格等创建 CSV 文件。本质上，CSV 文件是一张每个单元格均有对应属性的电子表格。熟练掌握的话可以大幅度减少上传产品的时间。作为新手卖家，高林需要掌握利用 CSV 批量上传产品的方法。

【所需资料】

　　产品标题、图片、库存信息、物流信息、产品信息等。

【操作技巧】

　　1. 创建 CSV 文件。

　　创建一个产品信息电子表格，以 Excel 表格为例，表格首行列出了一些可能需要的产品属性，这一行不用修改。填产品和其属性，先尝试上传 10 至 20 个少量产品。如果产品具有如颜色、尺码等多个属性，初始可控制在 10 个产品左右。完成产品信息的填写后，将其存为 CSV 文件。若使用的是 Excel 表格，点击"文件"—"另存为"，然后选择"逗号分隔值(.csv)"作为存储格式。

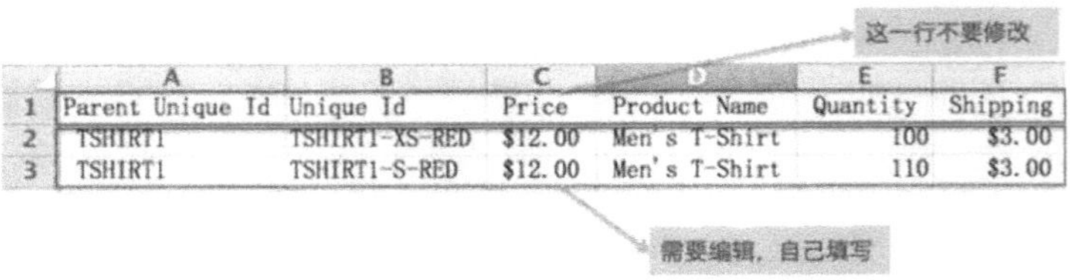

	A	B	C	D	E	F
1	Parent Unique Id	Unique Id	Price	Product Name	Quantity	Shipping
2	TSHIRT1	TSHIRT1-XS-RED	$12.00	Men's T-Shirt	100	$3.00
3	TSHIRT1	TSHIRT1-S-RED	$12.00	Men's T-Shirt	110	$3.00

这一行不要修改

需要编辑，自己填写

图 5-12

　　通常，属性包括款号、货号、价格、产品名称(标题)、数量(库存)、运费、商品主图链接、标签、商品描述、商品尺码、商品颜色、制造商建议零售价、商品品牌、商品辅图链接、商品条码、发运时间等内容。商品主图链接比较复杂，CSV 文件里所有图片都需要用链接的形式才能上传，可以上传到百度云盘，再把图片的链接填到此处。

2. 上传 CSV 文件。

在商户后台登录账号,点击"产品＞ 添加新产品＞ 产品 CSV 文件",页面将跳转至 http://merchant. wish. com/feed-upload ,然后选择 CSV 文件,点击上传。

图 5-13

3. 将 CSV 列映射到 Wish 属性。

上传的表格首行仅为产品属性名称,现在将上传的属性名称与系统属性名称进行匹配,我们称之为"映射"。可在页面左侧进行属性映射,而在页面右侧将看到正在上传的产品信息的预览。完成映射后,点击"继续"。在完成所有所需字段的映射后,该按钮将由蓝变灰从而可被点击。

图 5-14

4．上传确认及上传状态。

产品完成上传时将收到一条即时确认信息，产品录入会在 24 小时内完成，可点击蓝色按钮"查看导入状态页"检查产品上传状态。

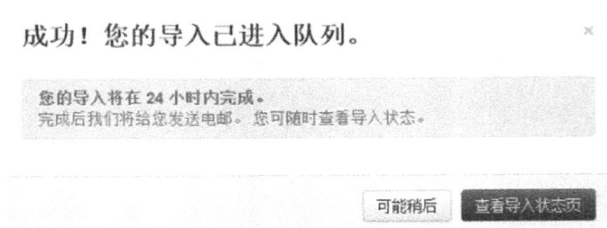

图 5-15

【相关链接】

Wish 平台如何上传 CSV 文件指导：

https://merchantfaq. wish. com/hc/zh-cn/articles/204530628-％E5％A6％82％E4％BD％95％E4％B8％8A％E4％BC％A0％E6％88％91％E7％9A％84CSV％E6％96％87％E4％BB％B6-。

问题 5：如何开展 Product Boost 推广活动？

【问题背景】

　　Product Boost 是 wish2017 年推出的一款流量促销新工具，通过结合 wish 商户端的数据与后台算法，增加相关产品流量。Product Boost 收取单个产品的推广费用，推广依据为产品对应的搜索关键词，竞价按照关键词出价每×值给予 1000 个流量。对于刚经营的店铺而言，要想提升流量，可以尝试使用 Product Boost 推广工具。

【所需资料】

　　准备好产品关键词，设置好竞价，设置好预算。

【操作技巧】

　　1. 创建活动。

　　进入后台，点击"Product Boost"，在下拉菜单中选择"创建活动"。

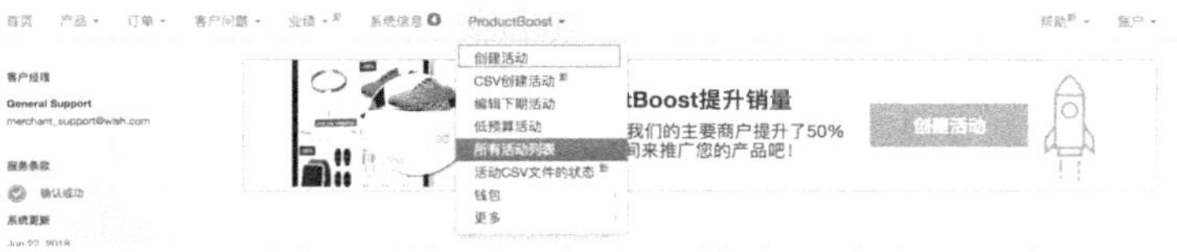

图 5-16

　　2. 设置活动名称。

　　在"活动设置"区域设置活动名称，活动名称是识别活动的方式。所有的活动都有一个唯一的活动 ID，可通过活动链接地址找到。

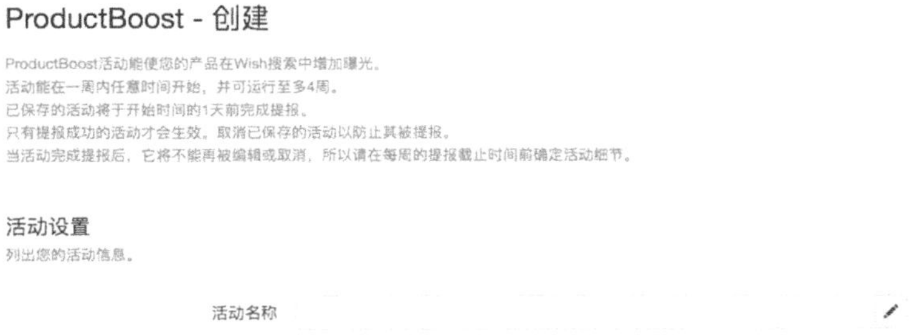

图 5-17

3. 设置活动时间。

可以选择活动开始时间和结束时间,还可以选择循环更新,这样不用担心推广活动中断,以达到最好的效果。

图 5-18

4. 添加产品 ID、关键词和竞价。

添加希望参与 Product Boost 的产品,每行仅限输入一个产品 ID。如需添加更多产品,点击"添加更多产品",每次活动中最多可提交 200 个产品 ID。与产品相关的关键词使用逗号分隔,每个产品至少提交 1 个关键词,但不要超过 30 个。竞价为对该活动产品的每 1000 流量所支付的费用,最低竞价价格为 ＄0.3/1000 流量。

图 5-19

5. 设置预算。

在"本次推广的金额"区域,填写愿意分配的最高费用,推广活动的费用不会高于预算。务必点击"保存"来提交活动。

图 5-20

【相关链接】

如何编辑"正在运行""已计划"的 Product Boost 活动：

https://merchantfaq. wish. com/hc/zh-cn/articles/360005111574-％E5％A6％82％E4％BD％95％E7％BC％96％E8％BE％91-％E6％AD％A3％E5％9C％A8％E8％BF％90％E8％A1％8C-％E6％88％96-％E5％B7％B2％E8％AE％A1％E5％88％92-％E7％9A％84ProductBoost％E6％B4％BB％E5％8A％A8-。

问题 6：什么是 Wish 认证标志？

【问题背景】

诚信店铺中的产品，如果收到特别好的客户反馈，该产品将被授予 Wish 认证标志。客户在 Wish 浏览这些产品时能看到这一特殊的标志。作为新卖家的高林，很想知道如果被授予 Wish 认证标志，对于店铺运营会有哪些具体好处，如何获得 Wish 认证标志？

【所需资料】

正常运营的 Wish 店铺。

【操作技巧】

1. 产品怎样才能被授予 Wish 认证标志？

首先，必须是黄钻产品；其次，产品需要在订单量、转化率、发货速度、物流表现、用户服务、产品的退货率以及产品的评价等方面都得到星级认可，才有可能成为认证的产品。

2. 有 Wish 认证标志的产品会失去这一标志吗？

之前被授予这一标志的产品需满足所有条件才能继续拥有这一标志。

3. 如何优化产品来获得 Wish 认证标志？

(1) 保持店铺的诚信状态；

(2) 保证产品的低退款率；

(3) 实现产品的高评分；

(4) 保持产品持续拥有高销量。

4. 被授予标志的产品在移动端有什么特征？

图 5-21 为 Wish 认证标志样例，有"Verified by Wish"字样。

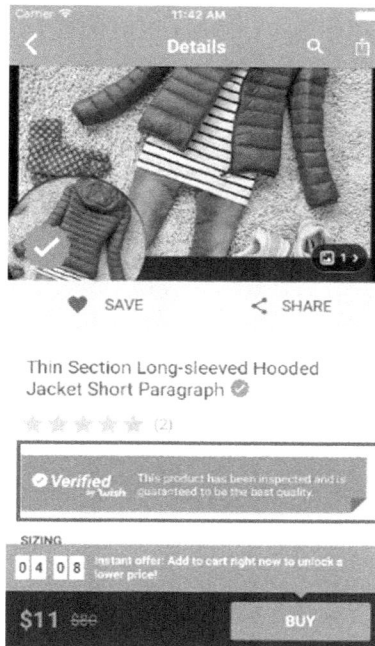

图 5-21

【相关链接】

点击以下链接，可以看到店铺里的认证产品：

https://merchant.wish.com/verified-product。

问题 7：什么是 Wish Express？

【问题背景】

Wish Express 是 Wish 为了更好地满足平台用户对于配送时效的要求而发起的极速达项目，需要卖家提前将产品运送到目的地国家的海外仓。对于加入 Wish Express 项目的产品，商家必须承诺在规定的时间内交付给用户，以此带给卖家良好的购物体验。对于高林而言，他需要系统掌握 Wish Express 能够带给商家什么好处，如何加入项目等。

【所需资料】

正常运营的 Wish 店铺。

【操作技巧】

1. 了解加入 Wish Express 项目的好处。

(1) Wish Expres 产品平均会获得 3 倍多的流量。

(2) 产品会有 Wish Express 徽章标志，告知用户将快速收到产品，这会极大提高转化率。

(3) 加入项目的商户可以获得退货资格，产品可以退至海外仓，降低退款率。

(4) 产品将会快速到达用户手中，这将提升产品的整体评分，可以快速获得用户评价，缩短产品成长周期和回款周期。

(5) 平台对于 Wish Express 项目产品提供更多支持，如营销和客服权限。

2. 加入 Wish Express 的步骤。

(1) 在商户后台首页将看到一个加入 Wish Express 的文本框，点击"了解更多信息"。

图 5-22

（2）在 Wish Express 介绍页面，点击"现在加入"按钮。阅读后请点击"接受并注册"，表示接受服务条款。

图 5-23

（3）选择可在 5 天内或更快送达的国家，并点击"提交"。

图 5-24

提交后就成功注册了 Wish Express 项目,项目申请将由客户经理进行审核,并且在 1—3 个工作日之内与申请者联系。若申请状态有所延迟,可以联络客户经理进行确认。

【相关链接】

Wish Express 常见问题:

https://merchantfaq. wish. com/hc/zh-cn/articles/231264967-Wish-Express-％E5％B8％B8％E9％97％AE％E9％97％AE％E9％A2％98。

问题 8：什么是美国退货项目？

【问题背景】

高林申请了 Wish Express 项目，因为他的目标客户集中在北美地区，他申请了美国的海外仓，他拥有美国退货地址了，如果客户退货的话，可以将产品退回至指定的美国退货地址中。这样操作的前提是他加入美国退货项目，那么到底什么是美国退货项目呢？

【所需资料】

正常运营的 Wish 店铺。

【操作技巧】

1. 哪些产品有资格参与美国退货项目？

在 Wish 中含有物流信息的产品将有资格参加美国退货项目。另外，商户必须在目的国拥有用于接收退货的仓库。当用户提出退货时，只有发货仓库与退货仓库所在国家相同的情况下，产品才可以被退回仓库。目前只有发往美国的产品才有资格退货。

2. 需要提供哪些信息才能提报产品到此项目中？

一是美国的退货地址，二是每件产品的物流信息（重量、高度、宽度、长度）。

3. 如何为产品开启退货功能？

登录商户账号，点击顶部导航栏的"产品—查看所有产品"，然后进入产品页面，找到想开启退货功能的产品，点击"措施"，在下拉菜单中，点击"退货设置"，阅读服务条款并点击底部的"同意"。如果产品没有物流信息，要添加有关信息，如产品的长、宽、高和重量。点击"提交"后，更新产品的物流信息需要几分钟的时间。

Logistics Information

Product Information

Product ID
Parent SKU   ML
Product Name   Merit Linens Ultra Soft 4 Piece Honey Comb Bed Sheet Set - Hypoallergenic - Wrinkle Free -

Default Logistics Information

Package Length ❓   Acceptable: 10

Package Width ❓   Acceptable: 13.40

Package Height ❓   Acceptable: 13.40

Package Weight ❓   Acceptable: 151.5

Reset   Submit

图 5-25

当产品的物流信息保存完毕后,就可以添加退货地址了。选择需要开启的退货国家,如果以前设置过退货地址,可从中选择,或者通过"添加新仓库"按钮来添加一个新的退货地址,然后点击"更新设置"。成功为产品添加退货仓库后,页面将自动跳转为如图 5-26 所示,在这里可核对详情。

Wish Returns Program BETA

Product Return Setting   Enable/Update Returns for your Products   All Available Warehouses   Wish Return Terms

Adjustable Magnetic Posture Support Corrector Back Pain
Product ID:
SKU:

Note : Currently supporting US during BETA

What is this new Returns program?

- Enter logistics information for each SKU so we can charge you for the return label based on the product's weight and size.
- You are responsible for the cost to the return label generated by Wish. This will be deducted from your account balance.
  - For returns to US, the return label cost will cost between $5 and $25 based on the SKU's logistics information.
- For each product, you may indicate one return warehouse address. You may have multiple return warehouse addresses for your store.
- The refund will be issued to the customer automatically when the returned product is confirmed to be delivered to your return warehouse.
- Click here to learn more

Return warehouses for this product

Ship to Countries	Return Warehouse Selected	Action
US	T	Update Disable Returns

图 5-26

4. 如何查看正在进行的退货?

在 merchant. wish. com 界面,点击"订单—退货",在退货页面中可筛选已退款的退货,以及正在进行的退货。

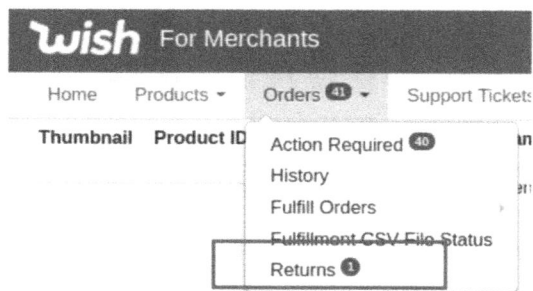

图 5-27

【相关链接】

批量开启产品退货功能：

http：//www. cifnews. com/article/35016。

问题 9：如何使用 Payoneer 收款？

【问题背景】

Wish 支持的收款方式可选性很大，如联动支付（UMPAY）直达中国账户、PayEco（易联支付）、AllPay、Payoneer、PayPal China、Bill. com 及 PingPong 直达中国账户。其中 Payoneer 是一个接受国际支付及收款的金融机构，商户可以通过 Payoneer 账户接受 Wish 放款，再从 Payoneer 账户提现到银行账户，且支持多个国家和地区，并收取一定手续费。高林注册了 Payoneer 账户，打算利用此账户收款。

【所需资料】

正常运营的 Wish 店铺，并已开通 Payoneer 账户。

【操作技巧】

1. 登录 Wish 商户平台，选择支付信息，提供商一栏选"Payoneer"，然后点击注册。

图 5-28

如图 5-29 所示，如果已经有 Payoneer 账户，则直接登录，填写用户名和密码，即可完成绑定。今后将自动在 Wish 放款日当天收到货款，资金入账时会有邮件提醒。

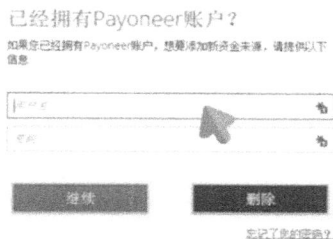

图 5-29

2．Payoneer 资金提现到人民币账户。

在 Wish 平台完成 Payoneer 账户绑定，如果需要用卡片进行网上消费或购买广告费，可以在审核通过后，点击后台的"预订卡"按钮，专属的 Payoneer 万事达将会通过 DHL 从美国寄出，之后会收到 DHL 跟踪号码的通知邮件。寄卡时间约为 4—7 个工作日。当收到卡后，需要激活万事达卡完成身份验证。

3．添加国内银行卡信息。

首次从 Payoneer 卡提现到中国境内银行账户，需添加中国境内银行卡信息。先用邮箱登录 Payoneer 后台，点击"提款"—"至银行账户"—"＋添加新的"—"填写国内银行卡信息"—"选择到账货币(推荐 CNY 人民币)"。

图 5-30

根据提示填写银行卡信息，提交后等待审核。如果你在绑定银行账户时输入了错误的信息，将导致后续提款失败(到时钱会退回你的 Payoneer 账户)，因此请务必认真填写。审核通过后即可实现从 Payoneer 提现至国内银行卡功能。

【相关链接】

Payoneer(派安盈)网站首页：

https://www.payoneer.com/zh/。

问题 10：如何使用 PingPong 收款？

【问题背景】

　　PingPong 是中国人创立的、为中国跨境企业服务的全球支付公司。目前 PingPong 已经开通了 Amazon、Wish 收款，是全球第二家多平台跨境收款服务供应商。PingPong 能够实现一键提现直达国内银行账户，收汇费用相对合理，符合中美双边监管要求，资金安全有保障。在派安盈之后，高林开始研究 Ping-Pong 收款服务。

【所需资料】

　　正常运营的 Wish 店铺。

【操作技巧】

　　1. 验证邮箱。

　　因为高林是在校学生，他选择了个人账号注册方式。输入邮箱和验证码，开启邮箱验证。

图 5-31

　　2. 创建 PingPong 账户。

　　创建密码，设置安全问题，进行手机验证，点击"下一步"。

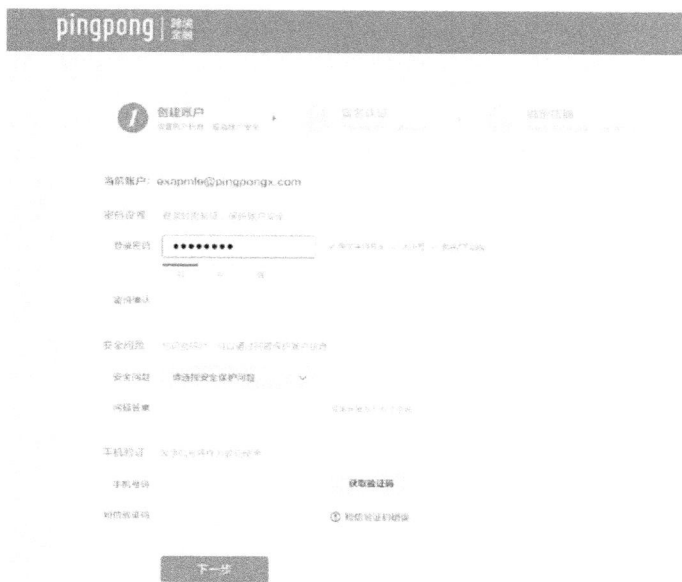

图 5-32

3. 个人实名认证。

上传身份证正反面照片和手持身份证的个人照片,填写常住地址,点击"下一步"。

图 5-33

4. 绑定 Wish 店铺。

选择 Wish 平台,填写店铺名称和 Merchant ID,点击"授权提交",提交后代表注册完成。平台会在 5 个工作日内对上传的资料进行核实。核实无误后,即可实现 Wish 和 PingPong 绑定。

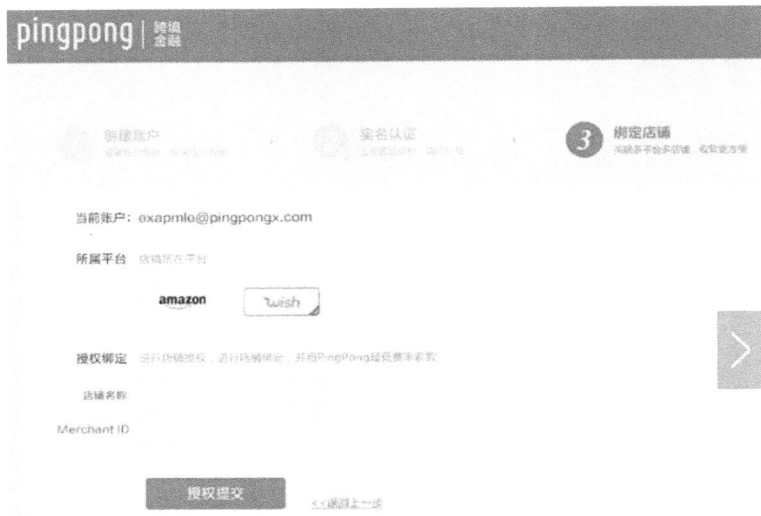

图 5-34

【相关链接】

PingPong 网站首页:

https://www.pingpongx.com/zh/landingPageSem/page1? channel＝cwb&spm＝pc00007&audience＝213023。

第六章　敦煌网平台

问题 1：敦煌网是什么？

【问题背景】

敦煌网是国内首个聚集中小供应商产品,为全球众多的中小采购商有效提供采购服务的全天候跨境交易平台,致力于帮助中国中小企业通过跨境电子商务平台走向全球市场,开辟一条全新的国际贸易通道,让在线交易变得更加简单,更加安全,更加高效。

【所需资料】

通过文献查阅、网络搜索等方法,查询敦煌网平台相关信息。

【操作技巧】

1. 敦煌网平台概况。

敦煌网成立于 2004 年,经过十多年的发展,敦煌网已实现 140 多万家中国供应商在线,拥有 4000 万种商品,覆盖全球 230 个国家和地区的 1500 万买家。

2. 敦煌网平台交易模式。

敦煌网开创了"为成功付费"的在线交易模式,突破性地采用佣金制,免注册费,在买卖双方交易成功后收取费用。敦煌网由多个业务模块组成,能够提供跨境电商业务上所需要的各种功能和服务,如敦煌一站式外贸服务、敦煌在线支付、网贷中心、敦煌移动平台、敦煌培训、敦煌信贷等。

3. 敦煌网十大畅销品类。

电子、手机及配件、计算机及网络、婚礼用品、健康美容、母婴、体育户外、服装、珠宝、汽配产品是敦煌网的热销品类。

4. 敦煌网增值服务。

为了帮助中小企业发展全球业务,敦煌网提供丰富多样的服务,包括培训、营销礼包和代运营服务等,全方面提升企业的业务能力和销售水平,具体增值服务的内容有数字营销服务、客户服务、全网营销、站内推广和数据智囊等。

【相关链接】

敦煌网首页:

https://www.dhgate.com。

问题 2：如何注册敦煌网账号？

【问题背景】

孙伟是一家小型外贸公司的负责人,他计划开展跨境出口业务,拓展公司的市场。在了解了敦煌网的特点之后,他计划在敦煌网注册账号。

【所需资料】

1. 身份证;

2. 没有注册过敦煌网账号的手机;

3. A4 纸;

4. 电子邮箱。

【操作技巧】

1. 进入注册入口。

登录敦煌网卖家首页 http://seller.dhgate.com/,点击"免费注册"或者"免费开店",进入注册页面。

图 6-1

2. 填写商户信息。

按照图 6-2 提示,填写真实的注册信息,设置用户名、密码,填写手机号、电子邮箱、主营行业、用户类型,点击"提交注册信息并继续"。

图 6-2

3. 验证邮箱。

在提交信息后注册邮箱会收到一封激活邮件,登录到注册邮箱并打开邮件,点击激活链接。在通过手机和邮箱验证后,在敦煌网上的开店注册便成功了。

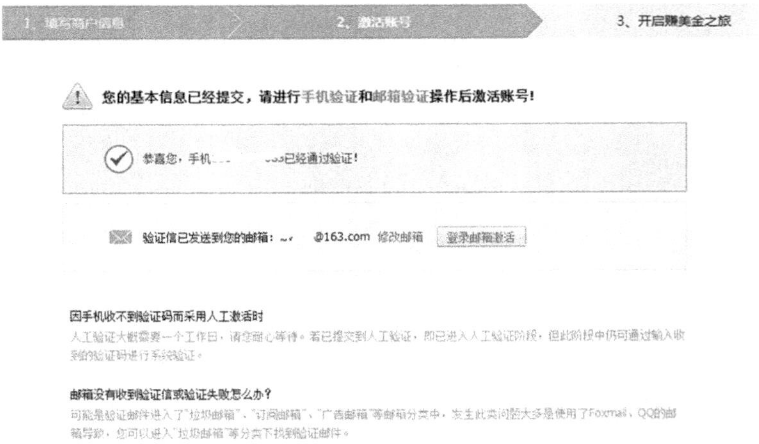

图 6-3

4. 身份验证。

为更好地保障在网络交易中的安全,防止网络交易欺诈,根据要认证的身份

类型提交对应的身份认证资料。可以通过如下方式开始认证,详见图 6-4:

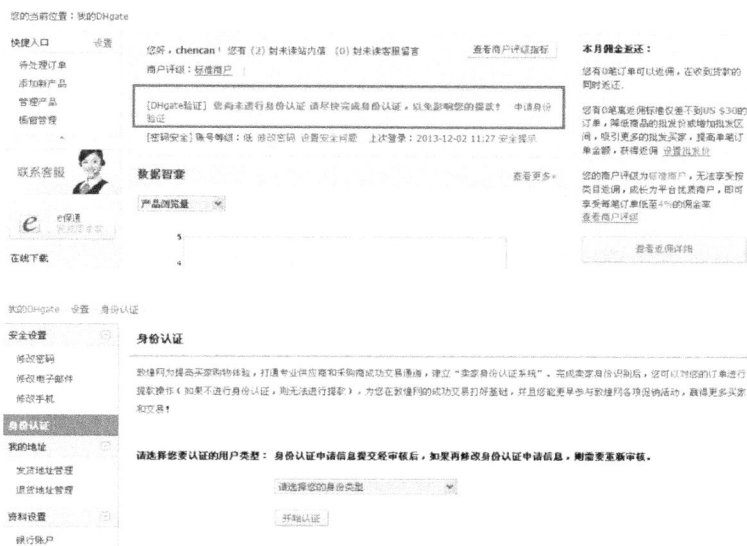

图 6-4

1—3 个工作日认证审核通过之后,账号注册成功。

【相关链接】

敦煌网开店流程教程:

http://seller. dhgate. com/university/guide/kaidian/list_1. html♯cms_universityguidekaidian-navigate-0。

问题3：如何上传产品？

【问题背景】

注册好店铺后就要在敦煌网大展拳脚了,孙伟首先要做的事情就是上传产品。敦煌网有完善的产品上传规则,只要按照规则上传产品,就可以顺利通过审核。

【所需资料】

产品标题、图片、库存信息、物流信息、产品信息等。

【操作技巧】

1. 选择类目。

在"快速查找"中输入英文关键词,通过系统推荐的类目,快速找到产品需要上传的类目。系统也会记录近期上传过的类目。准入类目需要联系行业经理,提交资料并通过审核之后,平台才会给予账号上传产品的资格。

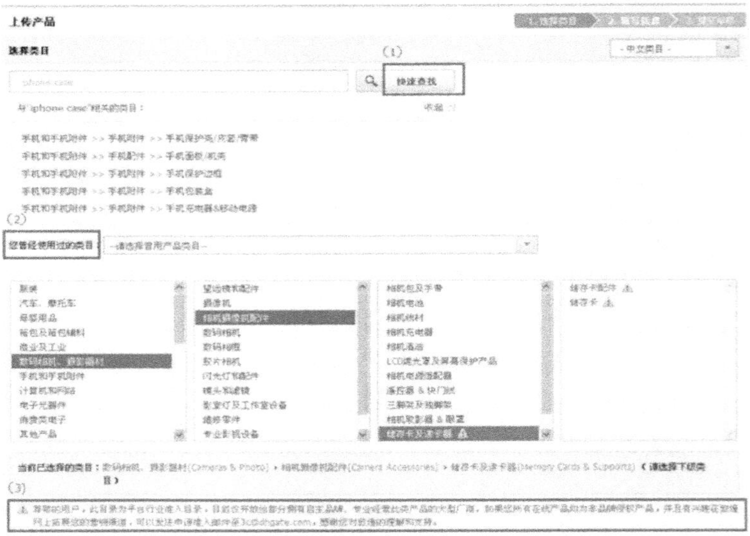

图 6-5

2. 填写信息。

(1)基本信息。

包括产品标题和关键词,在产品基本信息中包含平台禁售产品的关键词、品牌产品的品牌词、品牌型号词、变形词,如图 6-6 中的 1、2、3。图中的 4 是指乱放关键词。如有品牌的授权,要在上传品牌产品之前,发送授权资料到授权邮箱 shouquan@dhgate.com 备案。通过审核之后,才可以上传。

图 6-6

(2)产品销售信息。

此处主要是指产品定价,卖家须合理设定产品价格及购买数量区间,禁止卖家设定的价格与产品实际成本偏离过大,通过设定高价或设定低价的方式影响产品的正常排序。

(3)产品内容描述。

如图 6-7 所示,应使用自拍图片,避免盗用他人产品图片。在上传图片时应添加自己账号的水印,或者在产品描述中添加可链接到自己店铺的超链接模板等,防止被他人盗图。详细描述不可过短。

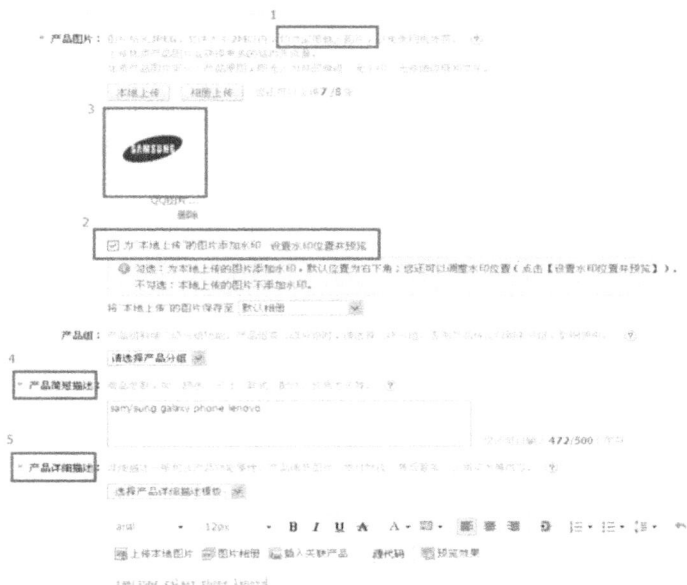

图 6-7

3. 提交审核。

避免上传重复产品,大量的重复产品会给买家带来不好的购物体验。

【相关链接】

敦煌网上传产品视频:

http://seller. dhgate. com/university/c _ 39620. html ♯ cms _ universi-tyguidekaidian-list-15。

问题 4：什么是产品流量快车？

【问题背景】

产品流量快车是敦煌网为卖家量身打造的强力引流工具,快车产品将会在搜索产品结果列表页中的专属推广位置上高度曝光且无时间限制。对于新卖家而言,要提升部分产品的流量,培育爆款,必须掌握流量快车如何开通。

【所需资料】

正常运营的敦煌网店铺。

【操作技巧】

1. 产品流量快车的含义。

产品流量快车,是敦煌网为卖家量身打造的强力引流工具。流量快车产品将会在产品排序列表页固定位置上,高度曝光。流量快车具有操作简单便捷、迅速提升店铺浏览量、"0"成本、便捷打造爆款产品、提升运营效率的特点。

2. 流量快车获取规则。

敦煌网线上正常展示产品均可使用,且无时间限制。增值礼包类型与卖家级别,流量快车可使用数目不叠加。

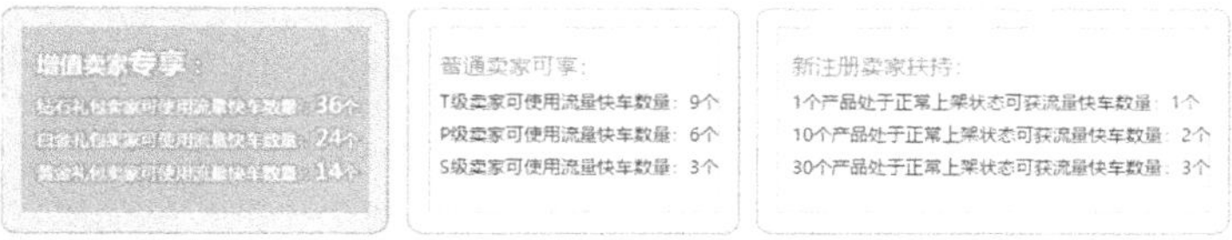

图 6-8

3. 如何高效率利用产品流量快车。

(1)优化产品图片,特别是首图;

(2)审视产品目录关联性,审视产品所用关键词是否符合行业发展;

(3)设定产品最终页关联营销板块,提高转化率;

(4)控制店铺整体纠纷率、退款率、好评率;

(5)分析行业特色、季节、产品表现等因素,每周及时更新快车推广产品。

4. 如何添加快车产品。

(1)登录我的 DH，点击"推广营销"的下拉菜单"流量快车"。

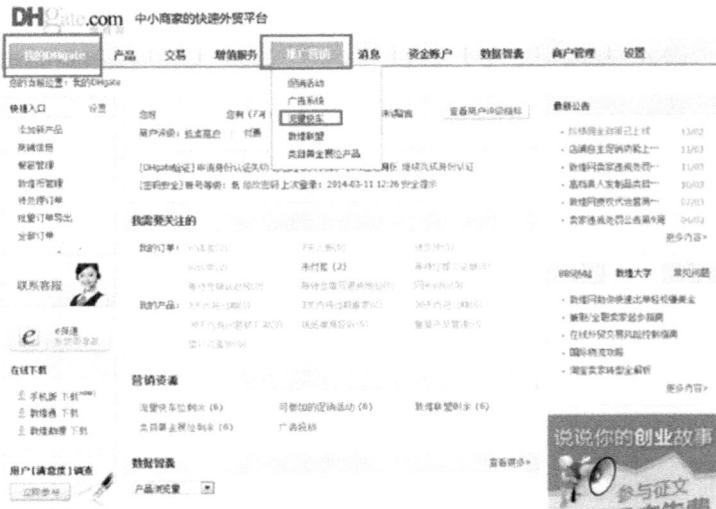

图 6-9

(2)添加快车产品。

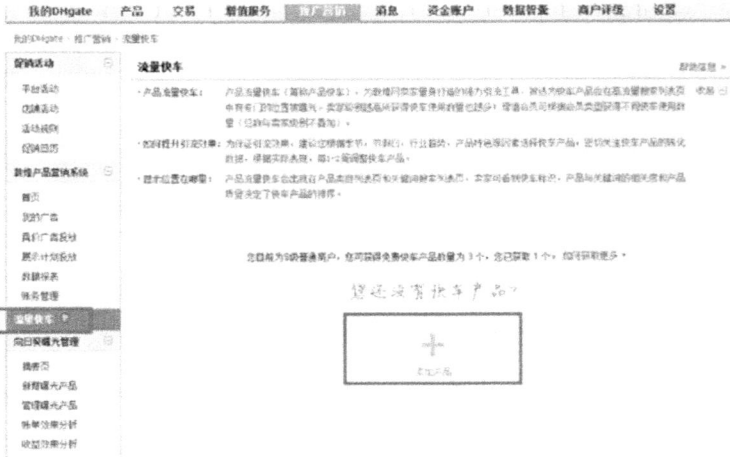

图 6-10

(3)成功添加及状态查询。

添加完产品之后，可以查看产品营销状态，如"橱窗、快车和黄金展位"。

图 6-11

【相关链接】

产品流量快车介绍和使用视频：

http://seller. dhgate. com/university/c_19803. html ♯ cms_流量快车-
list-2。

问题 5：什么是视觉精灵？

【问题背景】

视觉精灵是敦煌网为商户店铺产品量身打造的强力引流工具，凡使用视觉精灵的产品，将在产品类目列表页和关键词搜索列表结果页突出显示。视觉精灵产品在众多产品海洋中鹤立鸡群，专属、个性化的明黄底色，打造了个性效果，轻松吸引了买家眼球。那么，如何购买视觉精灵呢？

【所需资料】

正常运营的敦煌网店铺。

【操作技巧】

1. 确定产品。

登录"我的 DHgate—推广营销—视觉精灵"页面。可以通过产品名称、产品编号直接查找产品，也可以通过产品组筛选来选择加入视觉精灵的产品。

图 6-12

2. 确定产品后，选择突显效果及服务期限。

图 6-13

3. 更换产品。

每个卖家账号每个周期限购一次突显效果,视觉精灵服务有效期内,卖家可随时、任意更换推荐产品。点击"更换产品"操作。可通过产品名称、产品编号直接查找要更换的产品,也可以通过产品组筛选来选择产品。更换完毕后,新产品突显效果立即生效。

图 6-14

【相关链接】

敦煌网视觉精灵全新案例分享:

http://seller. dhgate. com/university/c＿16316. html ♯ cms＿视觉精灵-list-1。

参考文献

[1] 红鱼.118 问玩转"速卖通":跨境电商海外淘金全攻略[M].北京:中国海关出版社,2016.

[2] 丁晖.跨境电商多平台运营:实战基础(第 2 版)[M].北京:电子工业出版社,2017.

[3] 陈祎民.跨境电商运营实战:思路·方法·策略[M].北京:中国铁道出版社,2016.

[4] 潘兴华,张鹏军,崔慧勇.轻松学跨境开网店全图解(亿贝＋亚马逊出口篇)[M].北京:中国铁道出版社,2016.

[5] Wish 电商学院.Wish 官方运营手册:开启移动跨境电商之路(第 2 版)[M].北京:电子工业出版社,2018.

[6] 速卖通大学.跨境电商——速卖通宝典(第 2 版)[M].北京:电子工业出版社,2015.

[7] 阿里巴巴(中国)网络技术有限公司.从 0 开始:跨境电商实训教程[M].北京:电子工业出版社,2016.

[8] 阿里巴巴商学院.跨境电商基础、策略与实战[M].北京:电子工业出版社,2016.

[9] 李鹏博.揭秘跨境电商[M].北京:电子工业出版社,2015.